我が人生
武田邦彦自伝

武田邦彦
Kunihiko Takeda

青林堂

はじめに

私は、今年（２０２４年）の６月に81歳になりましたが、毎日、楽しく過ごしております。

そうなれた理由のひとつに「モノを書く」というのがあって、著作もそうですが、随筆なんかも１本書き終わると、心持ちがかなり変わります。書くことによって階段を１段昇り、人生がわかってくるからです。そうすると、付き合う人が代わり、見える景色もまったく違ってきます。

変化するたび、私の人生は明るくなり、ここ数年は、

「どんなことも、どうってことはない」

「本当に大切なことなんて、人生にはないのだ」

と、思うようになりました。あと１０００年も経てば、自分が知っている人

たちも、自分自身も、すべてが死に絶え、何ひとつ残っていません。お金や名声、権力なんてものはまったく無意味なのです。

ならば、人間は、どう生きればいいのでしょう。

その答えになるかどうかわかりませんが、私は、誰もが限りある時間を生きているのだから、その中で、いつ死んだとしても「この人生を送って良かった」と、思える道を選ぶようにしています。

そうやって選択してきた結果、この年になっても、前向きで明るい人生を送っているわけです。

この本では、そんな私の生き方、人生を通して解決したさまざまな問題について書いてみました。

私は、「変人」とよく言われますので、みなさんの参考になるかはわかりませんが、何かに気づくきっかけや発想転換のヒントになれば幸いです。

目次

第5章　2度目のターニングポイント

第1章

戦後の家庭

心は「武士」の数学者

人間の親子の中でも、父親と息子の関係は特別なものがあります。

なぜかというと、父と息子は、性格や体質を作るY遺伝子が共通しているからです。

Y遺伝子は男性が受け継ぐ遺伝子で、体の形や髪の毛、消化系、頭蓋骨といった部分には、日本人共通の遺伝子があるのですが、男性は父親からY遺伝子をそっくりそのまま引き継ぎます。

これはもう生物の原理で、人間の場合、劣性遺伝病を引き継ぐのも男子だけ。なかでも有名なのは「血友病」でしょう。血友病は、ヨーロッパの王族の間で流行した遺伝病で死ぬのは男の子だけです。

ですから、このままいくと時代と共に年々劣化していって、あと600万年ぐらいで人類のY遺伝子はダメになるんじゃないかと言われています。

一方、女性の場合、お母さんと娘というのは、そのまま受け継ぐ遺伝がありません。わずかに呼吸系の遺伝子だけが、そのまま伝わりますが、それ以外は伝わりません。ですから、母親と娘はどちらかというと、遺伝子の近い「姉妹」という感じで人格は別々です。

私自身、親父と自分は「同じ人かな」という感じがしていました。幼少時代から非常に近しい感覚があり、同時に敵対関係ではないけれど、やっぱり、お互いがちょっと競い合うような、そんなところがあった気がします。

父親は明治の生まれで、水戸高等学校を出ました。水戸高等学校は、今でこそ地方高校のひとつになり、全国的にあまり注目されていませんが、当時はまだ江戸の感じが残っていたそうです。

水戸は、天下の副将軍・水戸光圀《みつくに》でお馴染みの水戸藩がまとめた独特の学問が根づいていました。そのため水戸の高等学校は、レベルが高く、全国の旧制高校の中でも格調があり、京都の第三高等学校（三高）ほどの「格」ではないけれど、ほとんどその「格」に近い、昔流の厳格な武士としての教育をしていたのです。

私も、去年（２０２３年）、水戸に行きましたが、現在もそういった雰囲気は残っていまして、「質実剛健」「学問重視」といった昔ながらの気風を感じました。

親父は水戸高等学校から、京都大学の数学科に進みました。ちなみに、前述した京都第三高等学校（三高）は京都大学の前身で、一高が東大、二高が東北大学、三高が京大。親父はその三高を卒業し、学者になって数学の先生になったのです。

数学といっても、専攻は純粋数学ではなく応用数学で、いくつかの大学の先生をやりながら若い時代を過ごし、そのまま年を取って、最後は大学での講義中に命を落としたという、まさに数学者らしい、数学ひと筋の人でした。

そんな親父の、印象の深い思い出はいろいろあります。

私が住んでいた家は、それほど広くなかったのですが、親父とおふくろの寝室があり、その隣の隣ぐらいに居間がありました。

ある夜、私が居間にいて親父はベッドで寝ていたのですが、寝室のほうで人の気配がしまして。何ごとかと見に行くと、見知らぬ男性がおふくろと一緒に寝室に入って行って、寝ている親父の体を巻き尺で測っているのです。異様な光景です。その男性が帰ったあと、おふくろに聞いたら理由はこうでした。

当時、男性は店で吊っている背広を着ている人はあまりいなくて、ほとんどがオーダーメイドでした。親父も、大学の先生をやっていましたから背広を着ており、普通は洋服屋に行って測ってもらうか、家に洋服屋を呼んで寸法を採り作ってもらいます。

しかし、親父はそれを嫌がったそうです。「人に自分の体を触らせるな」「自分の体に他人が手をつけるとは何だ」と言って測らせないわけです。でも、それだと背広ができませんから、おふくろが困り果て、親父が寝ているときに洋服屋を呼んだという顚末《てんまつ》。

それぐらい「明治の男」は心が武士なのです。今どきのチャラい日本人男性とは１８０度違う男で、そういったエピソードはいくらでもありました。

酒屋に引き取ってもらったジョニ黒

親父は、晩年、大学で数学の必修科目を教えていました。

必修ですから、学生たちは必ず受からないといけないのですが、なかには落ちてしまう人もいました。そうなると、4年生になり就職も決まっているのに、大学は卒業できないというピンチに陥ってしまう。しかし、うちの親父は容赦なく落としてしまうのです。

すると、東北とか遠い郷里から学生の父親がわざわざ東京に出てきて、親子で親父に頼みに来るわけです。しかも、当時は電話機がないので、突然、訪ねてきます。

私とおふくろが玄関先で「何の御用でしょう?」と聞くと、「うちの子が数学の授業で落ちて大学を卒業できない、先生に点数を何とかしてほしい」と頼み込んできます。学生も親も必死です。将来がかかっていますから。

でも、それを親父に伝えても「そんなのは帰せ」と怒られるのがわかっているので、おふくろは嫌がるんです。で、「邦ちゃん、お父さんに言ってきて」と頼んでくるので、仕方なく私が親父に言いに行きます。

あの頃は、親子間でも丁寧な言葉を使いましたので、「こういう用事で学生が来ていますが、どうしましょうか」と、こんな感じで親父に伺《うかが》いを立てるんです。すると、最初は「帰せ」と相手にしないのですが、「東北から親御さんが来ておられる」と伝えると、ようやく「わかった」と言って課題を出してきます。課題の内容は数学で配ったガリバン刷りの100ページから200ページまで写せ」とか、相手によって違うのですが、私が玄関にいる学生の親子のところへ行って、それを伝えます。

「父はいまお風呂に入っていますが、数学の教科書を写せと言っています」

「どのくらいで写せばいいですか」

「2週間か1ヶ月と言っています」

「わかりました。息子は就職が決まっていたので、どうしようと思っていました。ほら、お前も頭を下げろ」

そう言って、息子の頭を押さえ「よろしくお願いします」と言いながら、手土産の〝ジョニ黒〟なんかを置いていきます。ジョニ黒といったら、その頃、ほとんど手に入らない酒で、値段も8千円か1万円ぐらい。今だと5万円くらいでしょうか。そういう高い酒を置いて、大喜びで帰って行くわけです。

でも親父は、ジョニ黒を飲みませんから「酒屋にやれ」と言うんです。「いや、すごく高いお酒だけど」と私が言っても、「俺は飲まない」と絶対に受け取りません。

これが明治時代の男です。親父は酒が好きで、結構飲むほうなんですが、日本酒しか飲まないんです。しかも、大学の先生で貧乏ですから、高い酒は飲まない。でも値段は関係ありません。「これを飲む」と決めたら、とにかくそれだけ。高いか安いかといった概念は、明治の男にはないのです。魂だから。

結局、ジョニ黒は、おふくろが出入りの酒屋に引き取ってもらっていました。最初、酒屋は「こんな高いお酒はもらえない、失礼ですから」と言って断りましたが、引き取ってもらえないとおふくろが親父に怒られますから、何とか説得して持ち帰ってもらう。

それが何度も続くと、酒屋のほうも慣れてきて「またですか」という感じで、すぐに引き取っていました。


当時は、先ほど言ったように電話機がなく、お客が突然家に来るため、親父がいないこともよくありました。

そうすると、相手は「ちょっと待たせていただきます、いつ頃お戻りですか」と聞いてくるのですが、親父がどこへ出かけたか家族もわかりません。そのまま待ってもらって、1時間ぐらい経った頃、私が「親父はちょっと帰らないようです」と伝えると「じゃあ、また来ます」と帰っていく。そうやって3回か4回来ないと親父に会えません。

あの頃の日本人は「謙譲」といいますか、人に迷惑をかけてはいけないという意識がとても強かったので、夜ではなく昼に訪ねて来るんですが、昼間はやはり不在の確率が高いわけです。でも、みなさん、何度も足を運んで来ました。それを、無駄だとか手間だとか思わなかったのです。

父の給料を取りに行った小学生時代

そういう家庭環境の中で育ったせいか、私は、お金に関しても全然気にせず暮らしていました。

あの頃の大学教授は、社会的な地位はありましたが、貧乏だったので生活は質素です。親父の周りは、京大や東大の教授、なかにはノーベル賞をもらった人や戦争で海軍大将だった人など、有名な方も多くおられまして、我が家にもよく来られましたが、どの家も同じように質素だったと思います。

家の中を飾るわけでもなく、食べものも着るものも贅沢《ぜいたく》はしません。みなさん、実際にお金があまりなかったのでしょうが、つつましい生活していました。

親父も、お金にまったく頓着がなく、毎月の大学の給料も取りに行きません。

「俺は、金をもらうために大学で教えているわけではない。そんな金がもらえるか」と言うんです。

でも財産があるような家ではないので、それだとすぐお金が尽きてしまいます。誰かが給料を取りに行かないといけないのですが、おふくろは恥ずかしがって行きたがりません。姉も、最初は取りに行っていたのですが、2、3ヶ月ほどしたら「もう嫌だ、邦ちゃん行って」ということになりまして、結局、私が毎月大学に行っていました。

大学の出納係に行くと、木枠を縦に引き上げると窓が開く形のカウンターがありまして。子供だから、そのカウンターが目の高さのちょっと上ぐらいに来るんですが、そこから「武田です」と顔を出すと、出納係の人が「武田先生の坊ちゃんですね」と対応してくれます。

で、おふくろに持たされた風呂敷を出すと、それにお金を包んで「落としちゃダメですよ」と、言いながら飴玉をくれます。毎月、飴玉と給料をもらって家に帰るということを、小学校4年生から6年生ぐらいまでしていました。

ある時、帰り道でこんなこともありました。

私の家は、中央線の荻窪駅から徒歩5分ぐらい、子供の足なら10分ぐらいかかるところにあったのですが、あの頃の道路は舗装されていないので砂利道です。しかも傾斜になっていて歩きにくい。でも早く家に帰りたくて、その砂利道を急いでいたら、案の定、転んでしまいました。慌てて起き上がり、手に掴んだものを風呂敷だと思って、そのまま持って家に帰ったら、給料袋ではなく石ころでした。

「これ何?!」「石だ！」とびっくりして、急いで戻ったら、風呂敷はちゃんと道にあって、ホッとして家に戻りました。のどかな時代です。

そういった時代の雰囲気、家庭環境は、私の小さい頃の精神状態を非常に大きく支配していました。自分の家も周りの家も、みんな、質素で、余計なものは一切買いません。70年前の日本というのは、まだ「戦後」でもあったので、「国のため」「国民のため」という思想が残っており、人生の目的も今とは違っていました。

近所に大工さんがいて、私の家もよく修理してもらいましたが、彼らは賃金が安くても文句を言いませんでした。当時の職人さんには「安くとも、これはこれでやろう」というような、気骨があったのでしょう。私は、そういった「戦後」の日本の中で小学生時代を過ごしたのです。

第2章

親父の教え

子供は「ゲーム」をしたがらない

教育に関しても、私は親父の影響を大きく受けました。

教育という点で親父は素晴らしく、そのおかげで私は現在、年を取っているにもかかわらず毎日勉強、毎日調査、毎日研究をしています。

しかも、それがちっとも苦ではありません。知的興味が尽きず、むしろ楽しくて仕方がない。よく「武田先生は歴史でも経済でも国際情勢でも、よく知っていますね」と言われますが、知ろうと思って勉強しているのではなく、興味があるから知りたいのです。

その基盤を作ってくれたのは親父だったので、私自身、自分の子供や孫を育てるとき、親父の教育方針をかなり利用させてもらいました。

子供というのは、本来「ゲーム」をしたがりません。一方、大人がゲームをするのは、おそらく私の推察ではストレスがあるからです。仕事や人間関係でストレスを感じ、そこから逃げるために、ゲームで日常を忘れようとしているのではないでしょうか。

人はストレスがなければ、そこから逃げたり発散したりする必要がないので、ストレートに自分の興味のある方向に行きます。ですから、子供は「ゲーム」をしたがらない。子供というのは「ゲーム」より興味や好奇心が先に立ちますし、そもそも人間は、知的興味があるほうへ向かう生き物なのです。

2歳ぐらいまでは、まだ興味の対象がはっきりしませんが、2歳を過ぎた頃から、子供が好きそうな絵本やおもちゃを目につくところに置いてみてください。そうしますと、子供はテレビやゲームがあっても、そっちには行かないで好きなもので遊びたがります。

私は、甥っ子2人がまだ小さいとき、彼らにも同じようにしたのですが、やはりテレビより自分の好きなもの、興味のあるものに熱中していました。そのせいかわかりませんが、今はどちらも医者になっています。

別に「医者になれ」と言って、勉強させたわけではありません。例えば虫が好きそうだったら虫の図鑑、星が好きなら星の本、歴史が好きなら歴史の本……と、いろいろなジャンルのものを置いておいただけです。

それをずっとやっていると、だいたい半年くらいで興味がなくなってしまうものと、継続してやりたがるものが出てきます。そこをじっと観察して「最近、あの絵本を読まないな」とか「前は、あのおもちゃで1時間遊んでいたけど、この頃は15分くらいで切り上げちゃうな」とか、興味の対象が変わってきたことを見定めてください。そして、また違うものを用意して、次の段階へ導いてあげる。親の役目は、そうやって子供の興味をどんどん広げてあげることなのです。

勝手に勉強を頑張る孫たち

最近は、本やおもちゃのほかに、ネットも大いに活用しています。

私は今、男の子と女の子の孫と一緒に暮らしているのですが、子供が興味を持ちそうな教育的なアプリなどを入れておくと、ふたりともテレビには見向きもせず、ネットを観ています。

子供は、そこで好きなものを勝手に見つけますから、親はそれ以上、干渉しないほうがいい。「勉強」という字は「強《し》いて勉《つと》める」と書きますが、小学校3年生ぐらいまで自由にしておけば、子供は勉強が好きになり、放っておいても、ひとりでやるようになるので大丈夫です。

あとは、子供同士で一緒に勉強するというのも大切ですから、やはり塾なんかには行かせたほうがいいでしょう。ただ、そのときも決して強制しないというのが重要なポイントです。

私自身、そういう教育を受けてきたので、自然と知的興味が育まれ、勉強は、自分から進んで取り組む「好きなもの」になりました。

現在も、仕事や講演がなければ、朝から晩まで2階の奥の部屋で勉強しています。たまに孫がバーンと入ってきて、わーっと一緒に遊んで「じゃあ」と出ていくのですが、男の子のほうは、すっかり騙《だま》されて「男というのはいつも勉強しているもの」だと錯覚しています。そして「おじいちゃんが勉強しているから、自分もするんだ」と、毎日毎日、誰に言われなくても、一生懸命勉強するようになりました。

一方、女の子のほうは要領がいいですから、状況を見ながらやるという感じで、一直線にやる男の子とは性質が違いますが、2人とも何かを学ぶのが好きな子供に育っていると思います。

「無銭旅行」で知的興味を育む

親父の教えについて、もうひとつ印象深いエピソードがあります。

私が子供の頃は「無銭旅行」というものがありました。まだ新幹線もない汽車の時代の話です。

私の学校が休みの日に親父も都合をつけて、親子2人で汽車に乗って出かけることがありました。おふくろがおにぎりを2つか3つ作ってくれて、水筒を持って、鈍行列車で行けるところまで2時間ぐらいゴトゴト乗っていきます。座席は木のベンチみたいな列車でした。

当時、杉並に住んでいたので、中央線に乗って勝沼とか甲州方面に向かうことが多く、大体いつも終点の駅まで行っていました。

列車を降りると駅舎があり、木の改札口を出ると広場があって、昔ですから車もなく、砂利の道路だけが広がっています。

でも水道はあるので、その横のベンチに親父と座り、おふくろが作ったおにぎりを食べます。そして、水道の蛇口から水を飲んで、30分ぐらい遊んで帰る。たったそれだけの、お金を使わない「旅」ですが、これが子供心にものすごく影響を与えてくれました。

大人は、汽車がどの駅からどの駅まで行って、その途中でどんな景色が見えるのか、大体わかっていますが、子供にとって車窓は、いくら見ても飽きない「新しいもの」の連続です。

特に、私が小学校4年生ぐらいの頃というのは、子供が知らない土地に行ったり、自分の家以外で食事することは滅多にありません。ですから、大人の親父にとってごく普通の列車の半日旅行も、私にとっては、すべてが新鮮な非日常なのです。

山梨の田舎のほうに行けば、山ばかりの風景をめずらしがってずっと眺めていましたし、東海道方面に行けば必死になって、全部の駅名を覚えました。東京、有楽町、新橋、田町、品川、大井町、大森、蒲田、川崎……と、駅名を知るのが楽しく、次に行ったとき、自分が覚えたとおりに駅が出てくるのも嬉《うれ》しい。東海道線は駅ごとに街の雰囲気が違いますから、それもまた面白くて、そういった経験が全部刺激になっていました。

家の中で好きな本を読むのも好きでしたが、もうひとつ知的興味が育まれたのは、親父と行った無銭旅行。これが私の人生の中で非常に大きかったと思います。

漢字は画像でイメージさせる

先ほども言いましたが、私は、今は医者になった2人の甥っ子と、一緒に暮らしていた時期があります。

彼らの両親――私の兄夫婦の都合で引き受けたのですが、私は叔父さんですから、育て方がやはりちょっとゆるいんです。子供の好きなようにやらせながら、彼らが何に興味があるのか、そこだけ注意して見ているという感じでした。

私自身、これまで学問や研究するのがまったく嫌じゃないのは、自分の好きなものを自由に勉強できる環境があったからです。「強制」しないことが、子育てにはとても重要なのです。

ここから先は私の実体験ではなく、教師として人に教えるという立場から話すのですが、子供は何でも「直接」だとうまくいきません。

いちばんわかりやい例は「漢字」でしょう。

子供の漢字のテストの点数が悪くなってきたとき、その子の中で何が起こっているかというと、頭の構造の中で漢字を覚える回路が少し遅れているのです。そのせいで漢字に対して苦手意識が生まれ、嫌になっている。これは算数など他の教科も同じですから、子供の成績が下がったとき、親や先生は、頭のどの部分の回路の発達が遅れているのかじっと見極めないといけません。

しかし、多くの母親というのは、どうしても直接的なところがありますから、漢字の点数が悪くなると、とりあえず漢字の勉強を多くやらせようとしてしまう。そんなことしたら、もっと漢字が嫌いになるだけです。

漢字を覚える回路の発達が遅れているというのは、その子の中で漢字を組み立てる理論が欠けているということです。

どういうことかというと、例えばピアノが上手なのは音感が良いからで、音感が悪い子に無理やりピアノを弾かせてもうまくなりません。つまり、技術を練習する前に音感を良くしていく必要があって、その音感が漢字で言うところの「組み立てる理論」になるわけです。

理論が欠けているなら、まずそれを補ってやらないといけない。理論さえわかれば組み立てることが面白くなりますから、漢字のイメージとか画像を見せて、漢字の形をもっと勉強させるようにするといいでしょう。それだけで、漢字を覚える回路が発達していくはずです。

これは、どんなジャンルの勉強にも言えることで、社会科の地図なども立体的にわかっていなければ、いくら眺めても頭に入ってきません。外に連れていって自由に歩かせ、空間認識を高めてあげてください。そうすると「静岡の西に大阪がある」と立体感覚が身について、頭の中で地図を３Ｄで描けるようになり、地理がわかってくる。つまり足りない部分、遅れている回路の発達を大人が補い、アシストしてあげることで子供の成績は上がるのです。

ですから、子供の成績が落ちたら、焦らずに一歩引いて「この子には何が足りないんだろう」と、まず観察してください。そして、足りないものを補うためにはどうすればいいのか考え、子供のペースに合わせて対処していく。回り道のようですが、これが結局は近道になるのです。

振り返ると私の親父の教育法は、まさにそういうやり方でした。そのおかげで、私はこの年になるまで、楽しく勉強することができています。当時、母親は父親の言うことに従うという時代なので、おふくろが口出しをしなかったのも良かったのかもしれません。

現在は、子供の教育は主にお母さんの役目になっていますが、私はもっとお父さんが参加し、夫婦で協力するべきだと思います。そして、男性的な脳と女性的な脳が共存して子供を育てる、というふうにするのが理想ではないでしょうか。

共産主義かぶれの息子を一喝

ここからは、私の高校や大学の頃の話をしたいと思います。

この頃になると、ある程度大人になっていますから、法律や社会とのつながりも、大人と大人の関係になっており、世界の見え方が変わってきました。

まずひとつは中国です。中国は1949年に中華人民共和国を建国し、共産主義国になり、輝かしい未来が約束されていると思われていました。

その裏では、1966年に始まった文化大革命によって、約6000万人が迫害され、推定死者が約2000万人という事実があったのですが、日本ではほとんど報道されませんでした。

理由は、日本が戦争に負けたからということもありますし、当時の日本の知識人はほとんどが左翼だったため、中国の悪いことを一切言わなかったからです。

そのため「共産主義は素晴らしく、資本主義は将来ダメになる」と、多くの人が思っていました。

私も、高校生ぐらいになると、社会の風潮にかぶれますから、友達と一緒になって「中国は素晴らしい」「将来のない資本主義の日本で生活したくない」と言っていました。

また、あの頃は安保の時代です。岸信介首相が日米安保条約を改定しようとし、それに反対する学生運動が起こっていました。私より3歳ぐらい上の先輩の大学生も、毎日のように国会前にデモに行っていましたから、世の中は騒然としており、我々高校生もその影響を受けたのです。

私も、血気盛んに議論し、あるとき、それが沸騰して「みんなで中国に行こう」という話になりました。いろいろ調べると、どうやら中国に受け入れ先がある、だったら「高校を卒業して中国の大学に行こう」と友達5人くらいで計画をしたのです。

それをさっそく親父に話しました。すると開口一番、「邦は中国をわかっているのか」と一喝されたのです。これは衝撃でした。

先ほど言ったように、当時はテレビを観ても、新聞を読んでも、「中国は素晴らしい国だ」という情報しかありません。文化大革命による虐殺とか農民のひどい飢饉《ききん》とか、実際に起こっていたことは報道されていなかったからです。

左翼の知識人たちも、中国を礼賛するようなノンフィクションを書いて中国を讃え、原子爆弾に関しては「アメリカの爆弾は放射能が出るけど、中国の爆弾は出ない」という、とんでもないウソを言っていました。

これは、今と同じ極端な偏向報道です。現在も、血圧が高いと死ぬとか、低いほうが良いとか、事実とまったく違うことが「正しい」こととして堂々と報道されています。報道の在り方というのは、いつの時代も変わらないのかもしれません。

高校生だった私は、テレビや新聞から得た浅はかな知識しかなく、それをまた文化人が煽《あお》るので、何の疑いもなく「中国へ行こう」と意気込んでいました。そんな息子に親父は「バカ」と怒鳴り、「事実をよくわかっていないだろう」と怒ったわけです。

親父は、数学界ではまあまあ有名だったので、その頃の中国の数学界のトップ、今で言えば学術会議の会長みたいな人とも交流がありました。ですから中国情勢をよく知っており、親父の話を聞いた私は、報道されている情報がいかに少なく偏っているか知らされ、自分は何もわかっていなかったことにようやく気づいたのです。

それを友達にも話し、中国の大学に行くのをやめたのですが、いま思い出すと、親父の言葉は常に的確でした。必要なとき、必要なタイミングで重要なことを教えてくれたなと思います。

「学者は生きている間に評価されてはダメ」

親父は、私が大学を卒業する頃からどんどん体調が悪くなり、就職して2年目ぐらいのときに他界しました。

私は、自分の専門も決まってきていたので、卒業後は学者になりたかったのですが、その頃、うちは大学に残れるような経済状態ではありませんでした。ですから、就職して技術者としてやっていこうと考え、それを親父に伝えると、「邦、お前、世の中で評価されちゃダメだぞ」と言われました。

あの頃の日本には、今のように利益を中心とした会社というのはあまりなくて、利益重視の会社が出てきたのは、1980年代から90年代頃でしょうか。

それまで日本の会社は、従業員は会社のために頑張り、会社は、日本のために新しい技術を必死で作っていました。企業として世の中に貢献することが当たり前で、「収益は別」という理念がしっかりあったのです。

ですから、例えば日立製作所なども、中央研究所の研究員となると、やっていることはほとんど学者と変わりません。大きな会社の研究所に就職しても、大学に残っても、どちらも同じように「学者の生活」という概念があり、給料をもらいながら、自分の研究に没頭できたわけです。

それで親父は、学者の心得として「生きている間に評価されてはダメだ」と言ったのです。

「学者というのは将来のことをやる。でも世の中は将来のことをやってもわからないから、賛成はしてくれない。むしろ、あの人は何をやっているんだろうとバカにされる。だからこそ、学者は不遇でなくてはいけない」

これは私に対して、ひじょうにやさしい親父の言葉です。今の私が解釈すると、そうなります。

評価される学者というのは、その時代に、みんなが良いと思うことをやっています。しかし、そんなのは本当の学者ではありません。学者は、30年先のことをやるから学者であって、本当の意味で「世の中に貢献する」というのは、そういうことなのです。

だから、学者の言うことは、ヘンテコに聞こえていいし、批判されてもいい。「認めてもらえるのは、死んでから30年後ぐらいでいいだろう」と親父は言っていました。死後30年経って、ようやく周りから「あの人は立派だった」と理解される。それが学者であり、そんな学者になれと言っていたのです。

大学生だった私は、その言葉の本当の意味がわかっていたわけではありませんが、心理的に大きな影響を受けました。

大学に残ろうが会社に入って研究をしようが、結果、どっちでもいいと考えるようになりましたし、世の中に貢献するためには、評価を度外視して、自分の職務に忠実であるべきだと、目指すべき道がはっきり見えたのです。

親父の言葉は、今でも私の信念のひとつになっています。

ウォークマンの衝撃

私が工業製品の中で、ものすごく感動したのは、1979年に最初に発売されたSONYのウォークマンです。

私は音楽が好きなのですが、聴くのはいつも家でした。スピーカーがついたでっかい箱のようなステレオがあって、レコードでもラジオでも、それに電源をつないで聴く、というのが普通でした。

ところが、ウォークマンは、その名のとおり「歩きながら音楽を聴ける」商品です。電源をつなぐ必要もなくアンテナもいらず、ステレオの大きなスピーカーで聴くのと変わらない音楽を楽しめる。

今でこそ当たり前のことですが、当時は、それまでにない画期的な商品でびっくり仰天したわけです。

その頃、私は大きな会社の研究所長でしたが、やっていたことは主に「改良」でした。例えば、割れにくいペットボトルを開発するとか、すでにあるものをより良くアップデートする研究が中心でした。

しかし、ウォークマンがやったことは、ステレオの音質を良くしたり、スピーカーを改良したりするのとは次元が違います。

「音楽は家で聴く」という概念をぶち壊し、どこでも聴ける音楽を素晴らしい音質で提供するという、まったく新しい発想を形にしたのです。実際にウォークマンを買って音楽を聴いた私は、「これが30年後を見るということか」と衝撃を受けました。

SONYは、ウォークマンのアイディアをすぐ商品化したので、厳密にいうと〝30年後の発明〟ではありませんが、今の世の中、今の人間の頭にないことをやるというのは、こういうことです。

私にとってウォークマンは、「新商品」というビジネス的な位置づけではなく、発想の転換を喚起する存在になりました。

　ここをきっかけに、私は、次々と新製品を開発するようになり、評価され、利益を上げていきました。その際、常に頭にあったのは「今はないけど、みんなが欲しいもの」。まさにウォークマンの発想です。

　私が周りとは違う視点で次々と研究をやるものですから、会社で10歳ぐらい上の先輩から「武田くんはよく暗闇を歩けるな」と言われたことがありました。

「夜の森の一本道でも、月の光さえあれば、その先が谷底じゃないとわかるから、歩くことができる。でも武田くんの研究は、光もなく一寸先も見えない暗闇の中を歩いている。すぐ先は谷底かもしれないのに、前に進めるのはたいしたもんだ」というわけです。

　アメリカ人やイギリス人など、アングロサクソンは、何かに取り憑《つ》かれたのかと思うほど、暗闇を歩くのが得意です。我々、日本人は、調和を重視するので、どうしても周りが気になってしまい、様子を見ながら恐る恐る進みますが、彼らは、ひとりでも平気で暗闇に踏み込んでいく。これはアングロサクソンの優れた資質でしょう。

先ほどの先輩は、さらに「自分たちは外国人が作った月の明かりを頼りに歩いているようなものだが、武田くんは違うね」と言ってくれました。

でも、私も、自信満々に暗闇を歩いていたわけではありません。まったくの手探りでしたが、親父が言っていたことに自分の経験値を足し、膨らませ、結果、研究でも花を咲かせることができたのです。

いま何かの技術に携わっている人や、新しい社会システムやＩＴを開発している人たちは、すでにあるものを改良するのもいいですが、「ないもの」にも目を向けてみてください。

そして、今は存在しないけれど、みんなが手に取ったら、ものすごく喜ぶもの、嬉しくなるものをイメージし、創り出してみる。そういう視点を持つといいのではないでしょうか。

第3章

自己の発見

目的はない。あるのは興味だけ

大学生の頃の私はいたって「通常」の人間でした。

通常の人間というのは、「この時計はいい時計だ」とか「いい大学に入ることが重要だ」とか世間で言われていることを、そのまま正しいと信じ込んでいる人です。私も、信じる信じない以前に「世の中はそういうものだ」と錯覚していました。

ちょっと話が横道に逸れますが、私が大学を卒業した頃、世の中では「石油はあと30年でなくなる」という話になっていました。

当時は、燃料といえば石油しかないと思われていたので、それが30年でなくなるとなったら大変です。生活自体が破綻してしまうと大騒ぎになっていました。

ＮＨＫも連日、石油問題についてニュースを流していたので、みんなが煽られ「トイレットペーパーがなくなる」という噂が流れると店頭からトイレットペーパーがなくなりました。おふくろも困り果てて、店に並んで買っていたのを覚えています。

私も、当時は完全に騙されまして、「日本を救うためには、石油に代わる原子力をやらなくてはいけない」と、20代で原子力の世界に入りました。そのせいで人生の5分の1ぐらいが消えてしまったのですが……その話は、あとで述べたいと思います。

私は、大学を出て、旭化成工業株式会社（現・旭化成株式会社）に技術者として就職しました。

先述したとおり、大学に残るか企業に行こうか迷って、最終的に就職を選んだ理由はいくつかあります。

まず、大学の雰囲気があまり好きではなかったので、ここに残って研究を続ける良いイメージがあまり湧きませんでした。しかし、いちばん大きかったのは、やはり経済的な理由です。親父が亡くなったので、大学に残るのは難しいという事情がありました。

更に、大学の指導教授から「ちょっと旭化成に行ってこい」と言われて、旭化成で紹介されたのが当時の副社長でした。進路を迷っている私に副社長は「(大学と企業と) どんな違いがあるのか」「大学の研究と、一流企業の研究は全然変わらない」とアドバイスをしてくれまして、それが決め手となり、そのまま旭化成に入ることになりました。

そもそも、私には「これをやりたい」という決まったものがありません。例えば研究だったら「自動車のこの部分を研究する」とか「こういう電子製品を作る」とか、多くの人には具体的な目標みたいなものがあると思うのですが、私にはないのです。

あるのは「興味」だけで、興味があるからいろいろ研究をする。研究というプロセスが好きなので、研究ができるのならば何でもいいわけです。ですから、どんな研究をやりたいかと希望を聞かれても、若い頃はいつも「何でも構いません」と言っていました。それは、今も変わっていません。

私の場合、何かをするためのモチベーションとして必要なのは、まず、知的興味が湧くこと、あとは、世の中の役に立つか、この2点しかありません。役に立たないものだとやる気が出ませんし、世のためになるならば、何をやっても構わないという考え方です。会社にとって重要かどうかも関係ありません。

私が入社した頃は、大学紛争が終わり、世の中が落ち着いて日本は高度成長期を迎えていました。「モーレツ社員」なる言葉も生まれ、がむしゃらにサラリーマンが働く中で、体の弱い私は苦労したこともありました。それでも楽しくやりがいを持ってやれたのは、こういった考え方がベースにあったからでしょう。

「32歳の気づき」

会社に入ったあと、しばらくは普通の社会人として勤めていたのですが、32歳のとき、それまでの生き方や考え方が根底から覆る転機が訪れました。

当時、私は、川崎にある研究所にいたのですが、あるとき、関西のある大きな電気会社から電話が来て、私たちが納めたテレビ部品の一部が天ぷら屋で燃えたと言われました。

でも状況を詳しくお聞きすると、天ぷらを揚げるすぐ近くに長い間、テレビを置いていたため、天ぷらの油の煙がテレビに付着し、それが炭化して火がついたとわかりました。

ですから、我々の会社責任とは言えないのですが「部品が燃えたのだから、すぐに来い」と電気会社の担当者が言うので、私は応援部隊として担当の男3

人と夕方の新幹線に乗って大阪に行き、夜は安いビジネスホテルに泊まることになりました。

あの頃のサラリーマンは、食事とお酒はワンセットでしたから、夜になるとだいたい飲みに行きます。今はもうありませんが、女性とお酒を飲みながらダンスをする、キャバレーなどにも行きました。

大阪に行った夜も、母親みたいな年齢の女性とダンスをして（私は32歳で若かったですから）、夜中の12時頃帰ってきて、寝て、翌朝、呼ばれた会社に行って怒られ、東京に帰ってくる……。そんな流れになるはずでした。

ただ、前述したとおり、私は体が弱かったので、酒はほとんど飲めません。一回、無理に飲んで、道端の泥に体半分浸かっているところを誰かが見つけてくれて、救急車で運ばれ、翌朝病室で目覚めたとき、病院の先生にこっぴどく叱られたこともありました。

のちに飲めるようになったので、元々はそこまで弱くないのかもしれませんが、当時は、体調が悪いとちょっと飲んだだけで、そんな状態になってしまうほど酒が苦手だったのです。

そのため、なるべく酒は控えていたのですが、若い男4人が地方で泊まるとなれば当然、飲みに行くことになります。私も、普段なら付き合っていたのですが、大阪に泊まった、その夜は断りました。飲みに行くより論文が読みたい気分だったからです。

当時はコンビニなんてものはありませんから、どこかの店でおにぎりを買って、ホテルの自分の部屋に戻り、ひとりで論文を読んでいました。しかも英語の論文で、辞書を引きながら読むので楽ではありません。

だったらなおのこと、そんなもの放っておいて、飲みに行くほうがよほど楽しいはずです。私も、いつもならみんなと一緒に過ごしていたでしょう。でも、自分でもよくわからないのですが、あのときはなぜか「論文を読みたい」と思ったのです。

夜中12時ぐらいに、仲間の3人が酔っ払いながらドヤドヤ帰ってきました。みんなご機嫌でしたが、突然「あれ？」と違和感を感じました。楽しそうな彼らを見ても、飲みに行くより、ひとりで黙々と、辞書を片手に論文を読んでいるほうが「はるかに楽しい」と思っている自分がいたからです。すると、その瞬間、いきなり頭の中で走馬灯のように、17、18歳の高校時代から大学生くらいまでの自分の人生が次々と浮かんできました。そして「僕はこれまで、みんながいいということをただやってきただけだった」「僕は自分の人生を送っていない」と、初めて気づいたのです。

その衝撃は、ものすごいものでした。

振り返れば、私は勉強がしたくて大学に入ったのに、休講になると喜んでいました。これは、どういうことでしょう？

サラリーマンになってからも、外から会社に連絡をして、上司から「今日は会社に戻らず、そのまま帰っていいよ」と言われると、ホッとしていました。

独身ですから、家に帰っても何があるわけでもないのに、仕事が早く終わると、やっぱり嬉しかった。なぜでしょうか?

自分で希望した大学、自分で希望した会社、自分で希望した職種をやっていたわけですから、本当ならもっと勉強したいし、もっと働きたいはずです。

しかし、授業が休みになったり、仕事が早く終わると喜んでいる。そんな生活は「おかしい」とはっきり自覚したのです。

上司がサボっても自分は勉強

それに気づかされる出来事が、そのあと、もうひとつありました。

私は、20代後半から30代前半の頃、外国の学会にもよく出ていたのでアメリカ人の友達もいて、その中に、大学勤務の助手か助教授をやっている人がいました。

アメリカで行われたある学会で、その彼と一緒に講演を聴きに行ったのですが、講演のあと、彼は「今日は今から大学に戻って、ちょっと実験してくる」と言うんです。

そのときも、私はひじょうにショックを受けました。学会に出るとやはり疲れますし、友人も大勢来ていますから、そのまま食事に行ったり、酒を飲みに行ったりするのが、日本では当たり前だったからです。

でも、そのアメリカ人は「これから実験をしに行く」と言う。彼にとっては家に帰って休むより、友人と食事や酒に行くより、実験のほうが大切で楽しいからです。これでは日本人は勝てないと思いました。

同時に、私自身、世の中がいいと言うことを、ただボーッとやっていただけで、自分が本当にやりたいことをやってきていないと思い知らされました。自分で道を選んできたつもりでしたが、私の生活はまったく「私のもの」ではなかったのです。これは、人生でいちばん大きな気づきでした。

大阪での出来事も、アメリカ人の彼とのことも、私が32歳のときのことです。ここを境に私の人生は、ガラリと変わりました。

人に迷惑をかけることはしませんが、それ以外なら、好きなことをする。そのためには、自分がしたいことは何なのかじっくり考えないといけません。その上で「自分はこうしたい」と思うことだけするようになりました。

そうなると、残業や英語の本を読むこともまったく苦ではありません。一緒に出張に行った上司がサボっていても、自分はその間に図書館に行って勉強をするようになりました。

また、あの頃は、土日に雨が降ると仕事が休みになっていたのですが、私は家にいても、気が散らないようカーテンを閉めて、計算をしたり、膨大な資料を作ったりしていました。それをやりたかったし、そうすることが楽しかったからです。

食べたいものだけ食べ、やりたいことだけやる

「32歳の気づき」があってから、お金に対する考え方も変わりました。

例えば、以前は200円の秋刀魚《さんま》と400円のブリが売っていると、ブリが欲しくても、秋刀魚を食べていました。「ブリは高いから、安い秋刀魚にしよう」と味を値段で計算していたわけです。

でも、そんな計算は取っ払って、食べたいものを食べるようにしました。秋刀魚を食べたいなら秋刀魚、ブリが食べたければブリと、値段ではなく自分が望むことに、ポケットマネーを使うようにしました。

電車かタクシーか選ぶときも、そのとき電車に乗りたければ電車にするし、タクシーを使いたかったらタクシーです。

また、あの頃はコーヒーが贅沢品でしたから、地方の会社などに行くと、お

茶ではなく、わざわざコーヒーを出してくれることがよくあったのですが、私は「いや、お茶がいいです」と言っていました。相手は「お茶よりコーヒーのほうが高いのに、何でコーヒーを飲まないの？」という感じで怪訝《けげん》な顔をしますが、「高いから」という理由で飲みたくもないコーヒーを無理に飲む必要はありません。

お酒も、アルコールが苦手というのもありますが、どんなに高い酒を出されても「飲みません」と断りました。そのたびに、やはり「高級なお酒なのに飲まないの？」と不思議な顔をされましたが気にしません。

「食べたいものだけを食べ、やりたいことだけをやる生活をしよう」、と決めてから、そのための訓練もしました。

いま、考えると何でそんなことをしたんだろうと、自分でも思うのですが、ひとつ例を挙げましょう。

これを読まれる方がどう思うかわからないのですが、そのまま言いますと、山手線に乗るとき、毎回500円の切符を買うのです。どこに行こうが必ず500円です。

なぜかというと、あの頃、東京都内で500円なら、行けない場所はなかったからです。500円分買っておけば、どこにでも行きたいところに行けますし、会いたい人に会いに行けます。でも190円の切符だと「190円分」までのところにしか行けません。

超過したら、乗り越し料金を払えばいいだけの話ですが、毎回500円の切符を買うのは、ある種の訓練でした。常に自分を無制限の状態にしておく訓練を積んで、40歳ぐらいまでに「自分のやりたいことしかやらない」メンタルにしておこうと思ったわけです。

訓練を続けたことで、私は、地味に贅沢な人間になりました。

食べたいものを食べ、欲しいものを買い、やりたいことをやるのが当たり前になりましたが、それでも毎月、お金が余っていました。当時は、給料が高かったのもありますが、私の欲求は十分満たされるようになりました。
そういう意味で「地味に贅沢」だったのです。

「変な人」になって明るい人生に

しかし50歳になって会社を辞め、大学に移ったら、給料がそれまでの3分の2に減ってしまいました。初めて大学の給料をもらったときは、さすがにショックで「もうタクシーには乗れない」と、すぐに東京のバスの路線図を買うほど、愕然としたのを覚えています。

しかし、結局、給料が減ってからも「やりたいことをやる」状態を変える必要はなく、生活水準も変わりませんでした。

会社員だったら、仕事帰りにパーッとみんなでどこかに行くとか、お金を使わざるを得ない機会がありますけど、大学勤めは行動自体が地味です。基本、講義をやって研究をして帰ってくるだけですから、生活リズムが単調で、使うお金は減ります。以前のように使いたい放題の生活を続けても、支障がなかっした。

きなかったのです。結果、毎月、お金が余り、それを貯金にして家を買うこともできました。

とはいえ私は、はたから見ると、やはり「変な人」でしょう。みんながいいと言っているのに、自分がやりたくなければやらないし、みんながそれはダメだと言っても、自分がいいと思えばやってしまうからです。

この性格になった原因が家庭環境なのか、親父からの遺伝なのか、どちらでもないのか、自分でもわかりません。

1章でも話したように、親父は「俺は日本酒しか飲まない」と言って、高級酒のジョニ黒をもらっても酒屋にあげてしまう人でした。周りがどう言おうが、親父は自分の信条を貫いたのです。

でも、私は32歳までは、1000円の日本酒よりジョニ黒のほうが、やっぱりいいと思ってしまう「通常」の人間でした。

ですから、「好きなもの」より「高いもの」に価値を感じる考え方を理解できますし、私のやり方が、万人に受け入れられるとも思っていません。しかし、私は、今後も、やりたいことだけをやっていく生き方を曲げる気はありません。

なぜかというと、そういう生き方をしていなければ、発見できなかったことがたくさんあるからです。出張先で時間が余ったとき、遊びに行かず図書館に行って本を読んだことで、「海の生物が限られた種類であるという原理」という大きな発見をしたこともありました。自分のしたいことをやるという選択をしたおかげです。

また、最近は、ちょっと政治活動にも挑戦しました。周りからは「あなたはそのままの人生で生きられるし、名誉もあるし、何で今さら政治を？」という反応もありましたが、私の感覚は少し違います。

私は、「みんなのために政治をやりたい」という衝動、願望によって、行動を起こしただけです。そこには損得とか、世間がどう見るかとか、「こういう立場の人はこうなっているのが普通だ」とか、いわゆる常識の縛りはありません。

縛りが取れたきっかけは、32歳のときの出張先の安ホテルでの体験です。それ以降、私の人生は明るくなり、人間関係も、ものすごく風通しが良くなりました。

そう考えると、天ぷら屋のテレビに火がつき、「すぐに来い」と、電気会社から大阪に呼ばれたのも、何かの縁かもしれません。感謝すべき「電気会社の夜」と言えるでしょう。

第4章

病気のこと

タクシー通学の高校生

私は非常に身体の弱い子でした。

それは私の人生の特徴のひとつでもあります。最近、子供の頃を振り返り、当時のことを姉に聞いてみました。姉によると、私はものすごく未熟児で生まれたそうです。そのせいで身体の機能が完全ではなく、2歳のときには最初の大きな手術をしました。

その日は雪が降っていて、母親が私をおぶって病院まで走り、緊急手術をしたそうです。そのあとも、身体の調子が悪く、5回ほど手術を受けまして、背骨のどこに麻酔注射をするのか、体をどんなふうに曲げれば注射しやすいのか、全部知っているような〝手術通〟になっていました。それくらい身体が弱かったのですが、症状としていちばんひどかったのは高校生のときです。

高等学校は、家から自転車で15分ぐらいのところにあったのですが、私の身体では自転車通学はできません。特に1年生の頃は体調が悪く学校を休みがちで、親父がタクシーを呼んでくれることもありました。あの頃、タクシーは高かったはずですが、高校生でタクシー通学をしていたのです。

1年の1学期の終わりに試験がありまして、上位50番以内は廊下に名前が張り出されました。今なら問題になるのかもしれませんが、生徒の人権とか考えていなかった時代の話です。

私は、試験だけは休めないということで、それこそタクシーで学校に行って受けたのですが、成績は確か3番ぐらいだったと思います。

でも、入学してから学校にあまり行っていませんから、「武田邦彦」と名前が貼り出されても誰も知りません。「誰だ？　武田ってヤツは？」とちょっとした騒ぎになっていました。ほとんどクラスに顔を見せないのに、試験を受けると名前が出るという、ひじょうに特殊な生徒だったのです。

大学はなんとか通って卒業しましたが、会社は、入社した年の7月と8月にいきなり全休してしまいました。

それまでの体調を考えれば十分あり得ることだったのですが、学校と会社は違います。

「やっぱり自分はダメだ。社会人としてやっていけない」と、そのときはかなり落ち込みました。

しかも、初年度に2ヶ月全休したことは、人事評価にも影響が出ます。そのせいで出向になるようなことはありませんでしたが、会社を辞めるまで尾を引いたのではないでしょうか。

半年先、自分が生きているかわからない

私の場合、身体の具合が悪いとどうなるかというと、とにかく食べられなくなります。

身体が弱いといっても性格は活発ですから、興味が湧いたものにはすぐ手を出そうとするのですが、ちょっと何かやると、お腹が痛くなって動けなくなってしまう。その繰り返しでした。

そんな私を助けてくれたのが、親父の教え子で、立派な病院に勤めていたお医者さんと、もうひとり開業医をしていたお医者さんの2人です。ここで具体名を出すのは控えますが、どちらも「武田先生の坊ちゃんのためなら」というので、栄養面を含め、私をずいぶん助けてくれました。

しかし、結婚してからも、何かの病気が原因というわけではないのですが、

度々具合は悪くなっていました。

だいたい夜中にお腹が痛くなります。夜中の2時ぐらいに痛みで目が覚めてしまい、そうなると横にもなれないので、1時間ぐらい座ったままウンウン唸るだけ。眠ることもできません。

この、謎《なぞ》の腹痛は子供の頃からで、当時、親父とおふくろはかなり心配しており「邦は20歳まで生きられないだろう」と泣いていたと、あとから姉に聞きました。

でも、今になって思うのですが、身体が弱かったことは、私の人生において決してマイナスではありませんでした。自分の体調が自分の意志ではどうにもならないことに気づき、身体がままならない人の気持ちを身をもって知ることができたからです。

病気がちの人が、どういう気持ちで生きているかというと、例えば秋に結婚する人から、春頃に式の招待状をもらったとします。スピーチも頼まれ、引き受けるのですが「その頃、自分はいないかもしれない」とまず考えます。つまり、半年先に自分の命があるかどうかわからない状態で日々過ごしている。これが身体の弱い人の精神構造です。

私は、それこそ付き合いで酒を飲んだだけでドブに浸かり、救急車で運ばれるような人生を送っていましたから、「自分はいつ死んでもおかしくない」といつも思って生きてきました。丈夫な人にはわからない「生きる制限」を常に感じていたのです。

みなさんも、もし病気がちの人に接したら、その人は、自分の寿命がいつ終わるかわからないと覚悟しながら、生きているということを心に留めておいてください。身体の弱い人の気持ちが少しわかるのではないでしょうか。

身体もメンタルも変化した九州時代

ところが、42歳のとき、突然身体に変化が起きました。32歳の「気づき」で自己が目覚めたように身体も目覚めたのです。

今でもよく覚えていますが、年の始めぐらいから、いつもと違う感覚がありまして。毎日毎日、日を追うごとに身体が変わっていき、夏頃には、すっかり「普通の人」の体調になっていました。

その頃、私は宮崎県の日向市というところで、原子力の研究所の所長をしていたのですが、身体が良くなる前は酒が飲めないせいで、苦労したことがずいぶんありました。

当時の原子力の研究所長は、社会的存在でもあります。その立場上、事務方から頼まれて、地元の漁業組合や農業組合、林業組合と付き合う機会も多いのですが、組合の人たちは、私のような東京から来たエリートが酒を飲めないと、「じゃあ、飲ませよう」と、ちょっと面白がるのです。

彼らとは親しくしていましたし、研究を成功させるためには地元の協力が必要不可欠ですから、飲みに誘われたら断れません。

だいたいいつも午後4時頃に「所長さん、飲みに行きましょう」と電話がかって来て、九州ですから焼酎を飲まされます。で、しばらく飲んでいると案の定、ゲーゲー吐いてしまう。でも、私は気が強いので「この野郎」と思って、また飲んで、吐いて、飲んで……と、無茶を繰り返していました。

しかし、組合の人たちと飲んだおかげで、それぞれの仕事がよくわかり非常に面白かった。

漁業の人たちには2つのパターンがあって、魚を大量に積んでいるので、とりあえずいちばん近い市場に行って売り捌くというパターンと、無線で各漁港の魚価を聞いて高いところに行くというパターンがあります。後者の場合、高く売るため勝負に出るわけですが、どのパターンで行くかはすべて漁師さんの采配。漁業は、船に乗っている漁師ひとりひとりが一国一城の主なのです。

そんな漁師さんたちを統括する漁業組合長が、どれだけ大変かということも、飲みながら話しているうちにわかってきました。

林業も、とても興味深い世界でした。漁業もそうですが、林業の人も午後の3時頃には仕事が終わります。4時頃に「飲みに行こう」と、やけに早く電話がかかってくるのはそのためなのです。海も森も明るいうちに終わらせないと、遭難の危険性があります。死んでしまうこともありますから、みなさん3時ぐらいには引き上げ、風呂に入り、4時頃から飲みに行くわけです。

ちなみに、九州で林業に携わる人には、犯罪者がいないそうです。明治以来、「自分たちの村で事件が起こったのは3回だけ。2回は屋根から落ちた事故、1回はコソ泥」と言っていました。150年間、事件らしい事件がないので、警察も平和です。派出所はありましたけど、かなりのんびりしてしまいました。

当時、私には女性の秘書がいまして。28歳のなかなかの美人で、九州の山のほうに住んでいたのですが、夜寝るときは窓を開けっ放しにしていると聞いてびっくりしたのを覚えています。

でも、本人は「所長さん、何を不思議がっているんですか?」と逆に驚いており、都会に住んでいる感覚とは全然違うんだなと思いました。

57歳で失明の危機に

42歳で元気になったとき、おふくろが「42は男の厄年《やくどし》だけど、悪くなることもあれば良くなることもあるのね」と言っていました。私にとっても普通の生活をできるだけで、こんなにありがたいことはありません。

身体が楽になったことで、仕事にも余裕が出てきて、自分のための仕事も他人の仕事も、区別せず「同じようにやる」という心境になっていきました。というのも、40代は「人生はどうあるべきか」「自分と他人はどういう関係にあるべきか」といろいろ考え始めまして、哲学的になっていた時期だったのです。

会社は、私にとても良くしてくれました。早い時期に研究所長にしてくれてトップ出世でしたし、会社員としては、あらゆることが順調だったと思います。

けれども、役員になった人たちが何をしているのか観察していると、大体が、夜はお客さんと酒を飲み、昼はゴルフばかりしています。これは、自分に合わないと思い、50歳で会社を辞めて大学に再就職しました。

大学の先生になったあとも、順調に人生を送っていましたが、57歳のときに突然、右目を失明しました。網膜剥離《はくり》です。

その兆候があっても、最初はあまり気づきませんでした。人間は、片目だけでも両目とほとんど同じように見えるので、左目が見えていれば、右目が見えていなくても意外と気づきません。私も、ちょっと変だと感じていたのですが、しっかりと確かめるのが怖くて「とりあえず見えるからいいか」と放っておきました。

ところが、2日目ぐらいにいよいよおかしくなって、左目を塞いだら、目の前が黒くなってしまったのです。そのとき名古屋にいたのですが、さすがにこれはいけないということで、何も考えずに新幹線に乗って東京に向かいました。

しかし、これがまずかった。新幹線の振動で、さらに悪くなり、完全に見えなくなってしまったのです。東京に着いてすぐ病院に行ったところ、そのままベッドに縛り付けられ、2日後に手術をしました。

私は、それまでの経験で「人間はいつか死ぬもの」という覚悟、精神的な準備のようなものは、40代のときにできていると思っていました。ですから、何があっても大して動揺しない自信がありましたし、半生で培った「向こうから来たものは拒まない」というモットーを持っていました。

人間には、自分の力でできることと、自分ではどうにもできないことがあります。例えば大学受験。どれだけ一生懸命勉強して受験したとしても、落とすか受からせるか決めるのは大学側、つまり「向こうから来るもの」で、そこで抗っても仕方がありません。

病気も同じことで、いくら自分が健康になりたくても、病気である状態は向こうから来るものです。それを受け取らないことには人生が送れませんから、不運でも何でも来るものは拒まない、というのが私の信念だったのです。

しかし、片目を失うときは、さすがに心配になりました。なぜならば、見えなくなった右目は、実は視力が良かったほうの目で、見えていた左目は視力が元々悪く、0・1ぐらいしかなかったからです。

左目の視力が落ちた原因は、中学のとき、野球か何かしているときに人の頭がぶつかったせいでの外傷でした。それはそれで仕方ないと思っていたのですが、見えていたほうの右目が見えなくなるとなれば話は別です。下手をしたら両目が見えなくなってしまいます。

「失明」の事実が向こうから来たときは、流石《さすが》に揺らぎました。想定外のことで予期していませんから、自分が耐えられるかどうか、わからなかったのです。

ですが、焦ろうが焦るまいが、自分の力でどうにかできることではありません。最終的には「目を失っても仕方がない」と割り切ったら、途端に気が楽になりました。

しかも、先生によると、私の右目は「10年前だったら失明したけれど、今は技術が進んでいるから大丈夫」だったそうです。私は運が良かったのでしょう。

目を開けたらすべてが真っ黄色

手術自体は、眼球を引っ張り出し、後ろから切って縫うという、結構大変なものでした。

手術の前に「全身麻酔より局部麻酔のほうがいいけど、大丈夫ですか」と聞かれました。「局部麻酔だと意識があるので、針が入っていくのが見えてしまう、だから麻酔は強くします」と言われたのですが、私はむしろ手術に興味津々でした。

「目を縫う糸は何ですか」

「ポリエステルです」

「直径は何ミリ?」

「7ミクロン」

「はぁ、そんな細いのがあるんですか」

そんな話をしながら、手術を受けていました。

糸で縫ったあとは、目の周りの筋肉を長く引っ張っているので、眼球がうまく入りません。入ってもちょっと斜めを向くらしいのです。でも、しばらく経つと筋肉が正常に戻って、眼球がまっすぐになっていくという面白い経験をしました。それも手術の結果です。

術後は、人工的なものが目に入ってしまっているので、液とか腐ったものを取り替えてくれます。その間は、絶対に見てはいけません。眼帯の上に鉄仮面みたいのを付けて、1週間後ぐらいにようやくそれを外すことができました。

しかし、最初に目を開けると、すべての色が「真っ黄色」でした。

その頃、多摩美（多摩美術大学）でデザインと絵画を教えていたのですが、世界が真っ黄色のままでは、とても美術は教えられません。

先生に聞いたら「青の神経が死んだせい」と言われました。網膜がやられた場合、青がいちばん早く死ぬらしく、しかも、死んだ細胞はもう回復しないと言うのです。

「じゃあ、僕の視野はずっと、真っ黄色なんですか」と聞いたら、これがまた曖昧《あいまい》で「人による」らしい。というのも、左目は正常ですから、右目が「黄色」のままでも、脳が補正すれば半年ぐらいで普通に見えるようになるけれど、その度合いは人によって違うので「わかりません」と言うわけです。

実際、半年ぐらい経って徐々に普通の色になり、今はまったく天然色に見えますが、厳密に左目か右目のどちらかだけで見ると、ちょっと色が違います。脳の補正にも限界があるようです。

あと、ずっと暗闇の鉄仮面状態だったせいで、入院中は、精神的にちょっとおかしくなっていました。神経科の先生のところで精神安定剤をもらって、何とか落ち着いたのですが、「自分は1週間ぐらいで、こんなことになってしまうのだから、ヘレン・ケラーは本当に偉い」なんてことを思ったりもしました。

体が丈夫なら傲慢な人になっていた

でも、結果的に、このときの経験は、その後の人生に活きています。自分が失明の危機に遭っても、そこまで動揺しなかったという自信がついたからです。これは大きな収穫でした。

私は、以前から、人間は必ず死ぬので、そのこと自体、乗り切れるだろうなと思っていたのですが、「あなた、いますぐ死にますよ」となったら、まったく動揺せず死ねる自信がありませんでした。

しかし、目の手術によって、何があっても「しょうがない」と、ますます達観できるようになった。おかげで、コロナが流行ったときも、既往症のある年配者は感染したら死ぬと言われましたが、別にどうということもありませんでした。

また、病気の経験は、「謙虚」な心をもたらしてくれました。

私は、身体こそ弱かったですが、成績はとても良く、高校時代は全国模擬テストでも、全国何十万人の高校生の中で大体10番以内。上位3番以内に入ることもよくありました。

10番以内に入ると、旅費と受験料がタダになります。私にとってはそこが重要で、上位の成績を維持するため頭で苦労したことはありませんが、いつ崩れるかわからない体調を気にしながら試験を受けるのは大変でした。

けれども、私の場合は、その経験が結果的に良い方向へ作用しました。もし、身体が丈夫で、成績も毎回上位だったら、きっと傲慢な人になっていたでしょう。

病弱だったからこそ、他の人の痛みを感じられるようになりました。同じ体験をしていなくても「どんな人にも、それぞれ苦労がある」ことはわかるので、若干ですが、人のつらさというものを理解できる人間になれた気がします。

身体が弱いことで、人生の半分はつらかったですが、「謙虚」は、その経験によって得られた財産のひとつです。

腸が破れた！

60代、70代は、比較的安定して過ごせましたが、80歳になったとき腸が破れてしまいました。その頃は、酒を飲み、生活も乱れていたので、身体が悲鳴を上げたのです。

救急車で運ばれ、夕方の6時くらいに大学病院に入りました。その時点で体温は39度くらい。何かの炎症の指数も高く、どうにもならないというのでレントゲンを撮ったら、腸が破れて中の汚いものが流れ出していたそうです。

これだと大腸の半分を切る必要があり、そうすると肛門まで大腸が届かないから、お腹の左のところに人工肛門の穴を開けるという話になりました。

それを聞いたとき、意識がはっきりしていたわけではないのですが、私は笑っていたんです。というのも、私は以前から、年を取ったらだらしなくなって、いろいろな人に迷惑をかけるかもしれないから、人工肛門のほうがいいと思っていました。

ですから、いざ、そうなると聞いても冷静だったのです。

しかし、そんな私の態度（笑顔）によって、すぐ行うはずだった手術が保留になりました。3人の外科の先生が私のことを診ていたのですが、その中のひとりが、「あの患者はおかしい。普通は人工肛門をつけるとなったら、がっくりするはずなのにニコニコしている。あれは何だ？」と不審に思ったのです。

そして「もしかしたら見立て違いかもしれない」「そのまま手術をして、取り返しのつかないことになったら大変だ」ということで、とりあえず夜中の12時まで待つことになりまして。その間、点滴をして安静にしていたら、少し回復したので手術は一旦、中止になり、翌々日にはかなり良くなっていました。

しかし、その5日後ぐらいに悪くなり、また良くなり、また悪くなるという状態が続き、「これはもう絶対、再発するから、手術しましょう」と医師から進言されました。

ですが、結局、これも回避しました。そして、手術するために行った私の検査記録を――肺活量から血液、腸内の写真など――全部渡すので、再発したら、近くのいい病院に駆け込めと言われ、結局、手術しないまま退院することになりました。

その後、すごく気をつけて慎重に生活しているので、幸いなことに再発はしていません。「人工肛門になるなら仕方がない」と笑っていたおかげで、結果的に、手術を避けることができたわけです。

「昨日は晴れ、今日も朝」

ある研究会で講演をしている最中に、低血糖か低血圧か何かが原因で、人生で初めて手足が冷たくなり、冷や汗をかいて、視野が狭くなるという経験をしました。

5分くらい休ませてもらって、講演を再開したら、20分ぐらいでまた同じ状態になってしまいまして。そのとき、私は「また視野が狭くなってしまいました。視野が狭くなるというのは、こういうことなんですね。ここまでしか見えません」と聴衆に冗談を言おうとしたのですが、やめました。

みんなが心配してくれているのに、当事者の私が冗談を言ってはいけないと思って我慢したのです。

でも、その帰り、その研究会に出ていた人に「先生、さっきは冗談か何か言いたそうにしていましたね」と、言われました。バレていたのです（笑）。

この話で何を言いたいのかというと、私は人工肛門の手術のとき同様、何かひどいことが起きても、心が乱れず、かなり平静でいられるようになったということです。病気の経験が、ここでも活きたわけです。

以前、「武田先生は3年後に死ぬとわかったら、今日をどう過ごしますか」という質問を受けました。私は即座に「毎日毎日、今日で終わりと思って生きているので、いつ終わりになっても悔いがない」と答えました。これは実感です。

そんな私には「昨日は晴れ、今日も朝」という自分なりの標語があり、色紙にも書いています。

これまで話してきたように、子供の頃から身体の調子が悪かった私の人生は、毎日がつらく、今日になって昨日を振り返ると、まるで土砂降りのような日ばかりでした。

しかし、土砂降りだった過去は返ってきません。ですから、私は自分の心の中で、昨日は「晴れ」だったことにすれば「晴れ」になる、そう考えて「昨日は晴れ」と思うことにしたのです。すると、人間の脳は都合のいいことに、昨日がどんなにひどくても、その記憶が薄れていくことがわかりました。

以来、私は、つらい日を過ごしても、翌日には「昨日は晴れだった」と思うようにしました。それを続けていると、脳は記憶を塗り替え、だんだんと過去のつらかった出来事を忘れていきます。おかげで私の人生は明るくなっていきました。

身体の弱い人や、なかなか幸福になれない人、毎日が苦しい人は、この「昨日は晴れ」を応用するといいのではないかと思います。

そして、そのあとに続く言葉を「今日も頑張ろう」ではなく「今日も朝」と書くのは、私の身体が朝は良くても、昼過ぎにダメになって寝ついてしまうことが度々あったためです。

自分の身体は、昼にはどうなっているかわからない、ならば朝、「これをやる」と決めたら一生懸命やろう。そして、昼になっても元気なら、また次の何かを一生懸命やろう。

「今日も朝」というのは、そういう意味で、「何か」を成し遂げることではなく、目の前のことを、ひとつひとつ全力でやるということをあらわしています。

私は、ずっとそうやって生きてきました。

でも、ここで言う「全力」は、いわゆる道徳的な全力のことではありません。むしろ道徳的に全力でやることは、そんなに大切ではなくて、サボりたければサボっても構わないし、5割の全力であってもいい。大切なのはいかに悔いのない人生を送るかであって、そのために「全力」になるということです。

そういう心境にたどり着いたのは、自分がこういう身体に生まれたからこそ。

そんな、私の身体と人生の関係について、お話しさせてもらいました。

第5章

2度目のターニングポイント

人間として一段落した40代

32歳で、自分がどう生きるか見えてから、50歳までの18年間、私の人生はひじょうに充実していました。

出世とか、お金とか、名誉といったこととは、全然関係ないところで生きているので、余計な心配や不安、欲がほとんどありません。とにかく目の前のことに集中し、無我夢中で働いていました。

そのせいか、役員や社長さんから「これをやってくれ」とよく頼まれましたので、何でも快く引き受け、全力で取り組みます。そうすると周りも評価してくれるので、どんどん忙しくなりまして、年に350回くらい飛行機に乗るほど、国内外を飛び回っていました。

それを威張っているわけでも、そんな働き方が良いと言っているわけでもありません。ただ、モーレツ時代の高度成長期を成した当時、必死で働く日本の技術者たちが、どういう生活を送っていたのか言っているだけです。

こんなこともありました。ある大学の先生と話をしていたら、夕方の5時頃、突然会社から電話がかかってきて「武田君、明日の朝すぐパリへ行ってくれ」と言うのです。「わかりました」と、すぐ電話を切って、話をしていた先生に「明日の朝パリに行くことになったので、すみませんけど、帰らせていただきます」と伝えると、「え、今の電話で外国に行くの？　我々なら半年ぐらい前から計画して行くけど」と驚いています。でも、自分にとっては普通のスピード感です。「私はいつもこんな感じなんで」と言って飛んで帰りました。

そして、翌朝、成田空港からパリ行きの飛行機に乗ったのですが、500人乗りぐらいのジャンボ機なのに、ほとんど乗客がいません。チーフパーサーみたいな人が僕のところに来て、「今日はＪＡＬが始まって以来、少ない乗客数で5人です。どこでもベッドみたいなものを作りますから、ゆっくり寝てください」と言ってくれました。

実はその時期、湾岸戦争か何かで、政府から渡航自粛が要請されていたのです。パリ空港に着くと、周りにカービン銃を抱えた兵士がずらっと並び、戦場みたいな状態でした。

パリに何日か滞在したあと、南フランスに行くため国内便の飛行機に乗ったのですが、そのときも物々しく、搭乗するのもひと苦労でした。

まず、自分の荷物を全部持たされて機内に入り、一旦、荷物を全部取り上げられ、それらを飛行機の横にずらっと並べるのです。そして、乗客は飛行機から降ろされて軍監視のもと、自分の荷物を持って、もう一回、機内に入る……という手順でした。

いつ攻撃を受けるかわからない状態だったので、荷物室が爆破されるのを警戒していたんだと思います。その説明をフランス語でされたのですが、何を言っているのかわからなくて、仕方ないので周りの様子を見ながらやるという感じでした。

あの頃の日本の企業、先端の技術者は、世界が不安定な時期でも、必要ならばどこにでも向かいました。それぐらいやったからこそ、世界のあらゆる国の技術を抜いて、どんどん先へ行けたのです。

そこには、日本人の技術に対するセンスの良さと、「国のためにやる」という気風がありました。自分の命は関係なく、社会のために尽くすという昔流の日本の考え方が残っていたのです。

もちろん、それがすべて良いとは言いません。しかし、世界のトップになるというのはそういうことで、私もフランスでの出来事を含め、ハードな時間を過ごし、その経験によって自分自身が鍛えられました。

また、1年に300回以上、飛行機で移動していれば、機内で調べ物をしたりレポートを書いたりできます。おかげで見識が増えて、40歳ぐらいになったとき、私は人間として一段落して、それなりに完成していました。

技術の上でも、非常に優秀な技術者になり、「日向のタケダ」と言えば、世界でもある程度通るようになり、社内でも高く評価され、早い時期に研究所長になりました。

それとともに、人間としての考えもまとまっていったと言いますか、私の場合、32歳で自分がどういう人生を送るべきか、はっきりわかったということもあり、その後、長い期間、自分としっかり向き合いながら生活できたのです。

海外の企業は「まず、魂ありき」

私が40代の頃、1980年くらいになり、日本の技術者が世界に出て海外の人たちと話すようになると、海外と日本では仕事の仕方がだいぶ異なるということもはっきりしてきました。

向こう（海外）で首脳部に会うと、だいたいトップの人は45歳ぐらいです。なかにはもっと若い人もいて、そのトップを真ん中にして、60歳とか70歳ぐらいの年寄り、日本で言えば上席の役員みたいな立場の人たちがそばにいました。

年寄りたちはおそらく、かつて高い地位にいて、今は引退こそしていないけれども役職としては外れている人たちなのでしょう。そういう中で、彼らがどんなふうに議論をしていくのか、ということもだんだんわかってきました。

海外に行くとき、日本の会社の役員さんと一緒に出かけることが多かったのですが、私は研究所長とはいえ、ついていく立場なので、彼らの言うとおりにします。

例えばイギリスの原子力公社などと交渉する際、私が黒板を使って「我々の方法はこういうことを原理とし、将来はここまでの性能が来る」といった話をすると、日本の役員が口を出してきます。「武田君、それはまだ君の推定じゃないか」と遮ってくるのですが、役員ではない私の立場としては口答えができません。

しかし、その役員を、イギリス側の人がさらに遮り、

「私は今、経営者の話を聞いているわけではない。研究所長の話を聞いているんだから、将来こうなるだろうという話は大いに結構」

「我々が技術を買うかどうか、評価するかどうかは今の技術で判断するのではない。これから、この技術がどのくらいまで行くのかで判断する」

「そのためには研究所長がどういう夢を持っているか、どこまでできると

思っているかがいちばん重要であって、実績を聞きたいわけじゃない」と、こんなふうに言ったのです。これは、ひじょうに印象深い出来事でした。日本は、先進国が作った技術を改良するというのが主体でしたから、技術者本人がどういう魂を持っているかということと、技術そのものの値段は別モノです。つまり「実績を買う」という考え方でした。

しかし、そのイギリス人は「まず、魂ありき」だと言うのです。さすがだと思いました。

環境問題がどうだとか、リサイクルをしなくてはいけないとか、もちろん大切ですが、さらに、その先へ行くのが研究者の考え方であり、在り方です。ですから、日本の研究所長がどういう方向で、どこまで行ける確信を持っているか。イギリスの原子力公社の人は、それを知るためわざわざ足を運び、私の話を聞きに来ていました。

研究の内容は論文を読めばわかりますが、人間の魂というのは、直接話を聞いて初めてわかるということを彼らは理解していたのです。

そこが、日本の経営と海外の経営の大きな差だと感じました。現在、日本の技術が停滞しているのは、魂を度外視して、「実績を買う」ことのみを重視した後ろ向きの姿勢が原因なのです。

人生を豊かにしたもの

私は美術、音楽、文学が好きで、高校から大学に行くときも、本当は歴史を学ぼうと思っていました。しかし、高校3年の担任の先生に「武田君は数学も物理もできるのに、歴史なんかに進んだらもったいないよ」と言われました。

ちょうど、その頃、ソビエトがスプートニクという人工衛星を打ち上げたビッグニュースで、みんなが盛り上がっていました。「地球は青かった」で有名な宇宙飛行士・ガガーリンが操縦した、人類初めての宇宙旅行です。この快挙によって、技術者や科学者がもてはやされる社会の風潮があったので、担任の先生も「理数系に行け」と言っていたのです。

先生の言うとおり、私は理数系を選びましたが、その一方で歴史も引き続き学んでいまして、これが後々、外国に行ったときひじょうに役立ちました。

役員と一緒に海外に行くと、例えば行き先がパリなら、観光を兼ねてルーブル美術館に行きます。その際、歴史を知って絵を観るのと、知らないで観るのでは、楽しみ方がまったく違ってきます。

キリスト教の影響を受けた、13世紀と14世紀頃のルネッサンスの絵などは、あの時代のフィレンツェやイタリアの歴史を知らないと、もう一歩深くわかりません。

また、レンブラント・ファン・レインによる『夜警』という、国宝にもなっている17世紀オランダの有名な絵画がありますが、これも当時のオランダの社会を知らないと、この絵が何を描いているのか、本当のところがわかりにくい。絵が描かれたときの時代背景の知識や観察眼を持っていないと、せっかくいいものを観てもチンプンカンプンになってしまうのです。

そのとき一緒にルーブル美術館に同行した役員も、会社の偉い方で東大の法学部を出ている優秀な人でしたが、絵のことは全然わかりません。「武田君、この絵は、何でこんなところに裸の女がいるのかね？」と聞いてくるので、ひとつひとつ解説をしました。

アメリカに行ったときは、ニューヨークのメトロポリタン美術館などのメジャーな場所ではなく、あえて地方の美術館に足を運びました。日本では観られない、アメリカ開拓時代の野性的な絵画を観るためです。

大学の教授になってから、文部省の仕事で東南アジアに行ったのですが、フィリピンやインドネシアの絵画も素晴らしかった。テクニックは不十分ですが、心が日本人とすごく似ているのです。絵の様式が西洋風でも、画家の心情に日本人と通ずるものがあり、東南アジアの絵とはこういうものかと感銘を受けました。

また、私は自分でピアノを弾いたり、トロンボーンを吹くなど、楽器の趣味もありますし、歌うのも好きなので、パリで本場のシャンソンを聴きに行ったこともあります。その頃、シャンソンはすっかり廃れていて、ろくな場所がなかったのですが、どこかのビルの地下2階にある、シャンソン愛好者向けのバーを見つけまして。なかに入ると、歌手がピアノを弾きながら歌い、お客さんはその歌声と同調し、融け合い、ひとつになっています。それは本場ならではの独特の空間で、日本では味わえない時間を過ごすことができました。

先ほど、40代である程度、完成した人生を送ることができたと述べましたが、人生を豊かにしてくれたのは、やはり基礎的な絵画や音楽の知識や、読書から得た知識と見識でしょう。

それがなかったら、私の人生はまったく違ったものになっていたと、海外に行くたび強く感じました。

45歳の気づき

人生が落ち着いた40代前半の頃、充足感はありましたが、その一方で大きな迷いにぶつかりました。

それまでは、身体が弱かったこともありましたし、原子力の研究を一生懸命やっていたので、あまり考えなかったのですが、45歳のときに、自分の人生が間違っているのではないか、別の展開があるんじゃないかと思い始めたのです。

私は、科学と研究が好きですが、自分のためにやるというよりは、世の中のためにやることに生きがいを感じていました。それが自分の思考にも合っていたのです。

そのおかげである程度、会社の中でも名を上げ、評価もされていて、このまま いくと間違いなく50歳前後で役員になる。そんな将来像が見えていました。

しかし、取引先のお客さんの接待で酒を飲み、うまいメシを食べ、ゴルフをして、定年になったら引退して、旅行して、またゴルフをして……と、そんな想像をしたら「あ、これはダメだ」と直感的に思ったのです。

先輩たちの多くは、いま言ったような老後を送っていますが、私はどうしても、そこに自分の人生の意味を感じられません。

一流会社の役員として高額の給料を受け取り、豊かな生活ができるわけですから、普通であれば意味があるのでしょう。人と付き合ったり、酒を飲んだりするのも楽しいですが、「32歳の気づき」で悟った私には、「役員の生活」がどう考えてもつまらない。

私は、やはり研究をしたり、ものを考えたり整理したりするのが、いちばん面白くて好きですから、そこがすっぽり抜けてしまったら、自分の人生ではなくなってしまう。いくらお金をもらっても、そんな人生は空虚です。

とはいえ、私には家族がいますから、ある程度のお金がないと、やはり困ります。そこを踏まえた上で、自分の人生を自分らしく送るにはどうしたらいいのか、深く考えるようになりました。

さらに、もうひとつ、ぶち当たったのは「人間は一体、どういう状態がもっとも幸福なのか」という問題です。

九州における地方の生活や林業組合、漁業組合の人たちを見て「人間らしさ」というものを感じましたし、私自身、幸いなことに研究が成功し、世界的な評価を得ていました。

原子力学会からは、原子力学会特賞というのももらい、これは当時、22年続いていた原子力学会賞の中でも、いちばんレベルの高い賞です。

それまでは、例えば三菱重工とか東芝とか、企業や組織がこの賞を受けていたのですが、個人のグループで受けたのは私たちだけでした。しかも「原子力の平和利用特賞」という、電力を生み出す研究に対して贈られた賞ですから、大変名誉なことです。

ただ、その一方で仕事に対する情熱を失っていました。

3章でも述べたとおり、私が原子力の道に進んだのは、20代のとき、NHKのニュースなどから「将来は石油がなくなる」と、危機感を煽られたためです。ところが40歳になる前に、それは全部ウソだったとわかりました。石油が枯渇し、原子力をやらなくては、日本がダメになるなんてことはなかったと、はっきりわかり「騙された」という思いが強かったのです。

もちろん原子力をやったからこそ、基礎的な学力が身につき、評判を得られ、のちに大学の先生になるわけですから文句は言えません。しかし、それまで信じていたことがひっくり返る事実を知らされ、自分の中で32歳のときのような気づきが起こりました。

その結果、「自分はこのままでいいんだろうか」「人生は何が良い状態なのか」という最大のテーマにぶつかったのです。その壁が人生を計画し直す、きっかけになりました。

随筆『老婆の一時間』

その頃から、随筆を書くようになり、世の中が広く見えてきたのも転機のひとつになりました。

のちに高等学校の現代国語の教科書に載った「愛用品の五原則」（『日本社会を不幸にするエコロジー幻想—「環境にやさしい」が環境を破壊する—』〈青春出版社〉に収録）など、その頃はいろいろ随筆を書いていたのですが、その中で、私自身一番気に入っているのは45歳のときに書いた『老婆の一時間』という随筆です。

これは、ある地方の民家の縁側で、お婆さんが赤い夕陽を浴びながらお茶を飲んで山を見ている、という情景から始まります。

民家の前には小さな道があり、サラリーマンが通るのですが、それを見なががらお婆さんは「私にもあんなふうに、働いていた時代があったわね」とつぶやきます。でも、お婆さんは、まだまだ元気ですし、頭もはっきりしています。腰も膝も痛くありません。

では、なぜ、そのお婆さんは日がな1日、縁側に座ってお茶を飲んでいるのでしょう?

実は、お婆さんは自分で何でもできるのですが、息子夫婦と一緒に住むようになり、お嫁さんから「台所は私がやるから、おばあちゃんは休んでいてちょうだい」と言われているのです。何もしないとヒマなので居間の掃除を始めるのですが、そうするとまたお嫁さんに「掃除も私がやるから、おばあちゃんはゆっくりしていて」と言われてしまいます。

もちろん、お嫁さんは親切心で言っているのですが、そうやって周りが善意で気を遣ってくれればくれるほど、お婆さんは居場所がなくなります。結果、縁側でお茶を飲むしか、やることがなくなってしまったわけです。

お婆さんにとって20歳のときの1時間も、70歳のときの1時間も同じ人生の1時間です。しかも、体もちゃんとしていて、疲れることもない。頭もはっきりしています。それでも、年を取ったというだけで片隅に追いやられてしまうのです。

この話で、私が言いたかったのは、人間はどういう状態でいるのが良いのか、ということです。20歳だったら一生懸命働くのが良くて、70歳だったら、みんなに追いやられて、お茶を飲むのが「普通」なのか。そんなことを『老婆の一時間』で私は問いかけたのです。

50歳からは第2の人生

私が、50歳で会社を辞めようと思ったのは、50歳からもう一度、人生をやり直そうと思ったからでした。

多くの人は60歳ぐらいまで一生懸命働いて、退職して、あとはそれぞれの「老後」を過ごす、という漠然とした人生観を持っているのではないでしょうか。しかし、私は第1の人生は0歳から50歳まで、第2の人生は50歳から100歳までと考えています。

私が50歳の頃は、第2の人生を歩むとか、人生が100年になるとか、誰も考えていませんでした。定年の基準も、ようやく55歳から60歳に引き上がったぐらいの時期ですから、今とは感覚が全然違います。

しかし、私は、ここからさらに平均寿命が延び、元気なまま「老後」を迎える時代になると思っていました。

そうすると、45歳で将来を決めてしまうのは、いくらなんでも早すぎます。あと10年ぐらいでヨボヨボの老人になり、「余生」を生きるなんて適切ではありません。

私は50歳で一回、区切り、そこから100歳まで、自分のやりたいようにやる人生にしようと考え、45歳からの5年間で、その準備を始めました。

たった5年間ですから準備不足ではありましたが、人間関係を良くしたり、領域を広げたり、新しい人生のためにやれることは何でもやることで、毎日の生活はガラッと変わりました。そして、50歳になる半年ぐらい前に「会社を辞めます」と上司に言いにいったのです。

でも、当時、私は何の支障もなく楽しそうに働いていましたから、退社の理由を言っても上司はもちろん、おそらく誰にも理解されないとわかっていました。

ですから、余計な説明は一切しないで「理由はないです。不満もまったくありません。極めて快適な人生を送っていますが、これまでの人生は、私がやりたいことと違うので辞めたいと思います」と、それだけ伝えました。

あんまりあっさりしているので、上司も取り付く島がなかったようですが、ともかく納得してくれて、無事、会社を辞め、第2の人生がスタートしたのです。

こうやって人生を振り返ってみますと、人間というのは、渦中にいるときはなかなか人生の全体像が見えません。私自身、とりあえず世の中の言うとおりにやっており、32歳から45歳までは先の見えない訓練の時期でした。

しかし、45歳から50歳までの5年間は、グッと傾斜が大きくなり、世の中のことや自分の人生がわかってくる有意義な時期を過ごせたと思います。

第6章

悩み多き大学教授

大学の先生になったのは「偶然」

先ほど「準備不足」と言いましたが、実際、会社を辞めようと思ったときは、次に何をやるか、まったく決まっていませんでした。10年ぐらいは浪人のような気持ちで、とりあえず、何でもいいからやろうと考えていたのです。

しかし、思わぬところから大学の先生になる話がきて、そのまま大学の先生になりました。

その経緯というのは、話が前後するのですが、まだ会社に在籍しているときに、大学生時代の恩師である増子昇先生から、私の出張先に突然、電話がかかってきまして。「君は大学に行ったら良いと思って、芝浦工業大学に予約してあるから、この日に大学の面接に行ってくれ」と言うのです。

そのとき、増子先生は、私が退社することを知らないはずですから、本当に偶然のタイミングでした。なぜ私を大学に推薦しようと思ったのか聞くと、以前、雑談か何かしているとき、私が先生に「そろそろ仕事を変えたい」と言っていたらしいのです。私は覚えていなかったのですが（笑）。

増子昇先生は、東大教授の中でも大物で、金属系の大御所です。世界のトップクラスにいるような偉い先生というのは、常に本質的なことをガッチリと意識していますから、こっちがグズグズしていたら、もう話はまとまりません。しかもあの頃の東大の先生は、無条件に「サラリーマンより大学の先生のほうがいい」と思っていましたから、とにかく話を進めるのが早いわけです。

しかし、私は、推薦してもらった芝浦工業大学の名前も知りません。「え、どこですか？」という感じで、急いで場所を調べて面接に行くと「何月から来られますか」と、ほとんど話が決まっていまして。結局、会社を辞めて、大学に移ることになりました。

ですから、大学教授になったのは、単なる偶然の結果であり意図したことではありません。あとから振り返れば「あのときが人生の転機だった」とわかりますけど、そのときは意外と深く考えていなかったりします。私の場合は、それが良かったのでしょう。

ノーベル賞学者・江崎玲於奈先生

芝浦工業大学に行ったとき、学長の先生が体を悪くしていまして、私が学長補佐をやることになりました。

しかし、大学のためには、江崎玲於奈先生を学長としてお呼びしたいと思い、理事長の了解を取って、江崎先生にお願いすることにしました。

さっそく、先生にお会いし、「ぜひ、芝浦工業大学に来ていただきたい」と申し上げたのですが、最初に言われたのは「なぜ、私が芝浦工業大学に行かなくてはいけないのですか」という言葉でした。

しかし、諦め切れません。先生のキャリアは素晴らしく、ローマ法王を始め、各国の首脳部やノーベル賞学者たちと、ずっと付き合ってこられている方です。その研究も素晴らしく、最先端のトンネル効果――「エネルギー障壁があるところを抜ける現象」というのを発見し、40代でノーベル物理学賞を受賞されています。

そういった非常に高度なことをやっておられる先生に、私は、どうしても来ていただきたかったのです。

先生は、市ヶ谷と日立、ニューヨークに、３つ家があり、そこを行き来しながら活動されていたのですが、当時は日立の家によくおられましたので、私は毎週、伺うことにしました。

上野にいい花屋があったので、奥様のために花束を買って急行に乗り、日立の先生の自宅に行き、いろいろ話をする、ということを3ヶ月ぐらい続けたでしょうか。そんな誠意を買っていただきまして、学長を引き受けてもらえることになりました。

その頃、先生は筑波大学の学長を終えて、関係の団体の理事長をやっておられましたが、芝浦工業大学は、筑波大学より格としては下です。しかも、当時、江崎先生が携わっていた職の年俸に比べると、芝浦工業大学の学長の年俸はちょうど半分でした。

ですから、お会いする前から「これはどうだろう」とは思っていたのですが、先生の名誉のために言っておきますと、先生はお金のことを、一切私に聞きませんでした。そんなことにはひと言も触れず、「教育のため」に学長の話を引き受けてくださったのです。

そういった判断力、思い切りの良さ、仕事の目的に沿って自分の人生を送るという軸を持った在り方は、さすがノーベル物理学賞受賞者です。増子先生もそうでしたが、何かを極める人というのは、枝葉に惑わされず、常に本質を掴むことができるのでしょう。

学問が嫌いな先生たち

しかし、私自身は、大学に移った当初は「ちょっと違うな」という違和感がありました。

私は、会社の研究所長でしたから、大学に対しては多少の尊敬心を持っていますし、憧れもあります。ところが実際に行ってみると、まるで違う。

どう違っていたのかというと――これは芝浦工業大学に限ったことではなく、大学の大半がそうなのですが――先生の多くは私の基準でいえば、学問に興味がないのです。

人間は、初心では研究熱心で情熱を燃やしていても、その職場に入り馴染んでしまうと、さまざまな理由で少しずつ意欲を失っていきます。これが、社会が老化している日本の欠陥と言えるでしょう。

自民党の裏金問題もそうですが、戦争が終わり70年80年経ちますと、大きな組織というのは、必ず、それぞれが本来やらなくてはいけないこと、それこそ本質から離れていきます。

その理由は、政府の指示に従わないと研究費が出ないとか、ちょっとしたつまらないことで、周りからすぐ叩かれるとか、いろいろありますが、そういったマイナス要因が重なり社会全体の力が弱くなると、個々の元気もなくなっていくのです。

そうすると、矢面に立って真正面を行く人はみんな潰され、人の裏を掻《か》くような人だけが栄えるようになっていく。結果、本質から外れた、つまらないことばかりが議論の対象になっていきます。

ひとつ例を挙げますと、福祉関係で「こども」と言うとき、こどもの「こ」は「子」と書きます。そして「ども」は普通、人偏の「供」を当てますが、「これは人と共にいるという字で、子どもの人権を無視しているから、平仮名で書け」ということになっています。そのため、今は「子供」ではなく「子ども」と書かないと、論文は通りません。

社会が「老化」すると、こんなつまらないことを必死になって言い立て、規制をかける人が出てくるのです。

その一方、どういう保育所がいいのか、発達障害をつくらないためにはどうしたらいいのか、子供たちに国語算数理科社会をやらせ、その平均点を取るのはどういうことなのか、といった重要なことは絶対に議論しないし、研究も行われません。

やろうとしても「子供」を「子ども」と書け、なんて言っている老化人間たちがマジョリティになっていると、意地悪ばかりしてきますから、まともな人はどんどん離れていってしまうのです。

教授会でも、例えば「中庭の木を切るか、切らないか」などの議論をしていると、私は嫌になって参加しません。そうすると怒られます。くだらない教授会をやっているほうではなく、くだらない教授会を批判する側を非難するという、形式的なことに時間や労力を費やすわけです。

それが、私が大学に行ったときの第一印象で「先生方は学問が嫌いなんだな」と思いました。

ドイツの有名な社会学者マックス・ウェーバーが1917年に書いた『職業としての学問』（岩波文庫）という本にも、「学問が好きな学校の先生はいない」という記述が出てきます。ウェーバーは「学問というのはただの職業のためにやるもの、お金をもらうためにやっているんであって、学問自らに情熱を燃やす大学教授なんていません」と語っています。それを読んで「今から70年程前も、そうだったのか」と諦めました。

私自身は「国に言われたとおりの研究」ではなく、自由に自分の学問のための研究をずっと続けています。芝浦工業大学のあと名古屋大学に移ったのも、そのためなのですが、私の研究は国が望む研究とは違っていたので、費用は一切もらえませんでした。

もらえないと言っても国立大学ですから、年間最低5000万円の研究費が必要で、そのうちの2000万円は国から支給されます。

でも、この2000万円は、暖房費や技官の人件費、机や時計などの備品を賄うだけで終わってしまい、研究費には回りません。残りの3000万円は、自力で捻出しないといけないわけです。

それを稼ぐのは大変でしたが、私の場合、旭化成時代のキャリアが役立ちました。企業に名前が知られており、信用もあったので、全部で15社ぐらいから、合わせて3000万円の研究費を毎年集めることができたのです。

そのおかげで、なんとか研究を続けられたのですが、もし自分が40歳か45歳の頃だったら、企業はお金を出してくれなかったでしょう。

そう考えると、今、資金不足で自分の研究ができない生活を送っている40代ぐらいの先生たちが、研究に対する意欲を失うのも当然です。それが、日本の大学の現状ですから、仕方ないのかもしれません。

成績は何のためにつけるのか

もうひとつ、大学での大きな問題は、学生を教育することが非常に難しいということでした。

まず、成績をどうつけるのか。これは散々悩みまして、大学の図書館で調べようとしたのですが「成績を何のためにつけるか」などという本はありません。そもそも、そういうことを考えた教育の本が世の中にないのです。

そこで私は考えました。例えば物理学を知らない学生が、私の講義に来たとします。その時点で、彼もしくは彼女はポンコツでテストも40点しか取れません。でも私の講義を受けたことで、70点取れるようになったとします。これは目覚ましい成長です。

ところが、なかには最初から70点を取れる学生もいて、その人が私の講義で

80点になったとしましょう。その場合、40点から70点になった人と、70点が80点になった人、どっちの成績を良いとするか。点数だけ見れば、後者の80点のほうが高いですが、伸び率は70点になった前者のほうが高いわけです。

これは大変、悩ましい問題でした。私は、人間は能力によって点数をつけてはいけない、能力によって給料の高さを決めてはいけないと、常々思っているのですが、その基本には、こういう考え方があるからなのです。

そこで、少々採点法を変えまして、基礎点というのを作って期末に本試験をし、そのときの伸び率に点数をつけることにしました。

70点から80点になった人＝プラス10点より、40点から70点になった人＝プラス30点のほうを良い成績としたのです。

すると、80点を取ったプラス10点の学生が、猛烈に抗議をしてきました。わざわざプラス30点の友達と一緒に来て、「先生、明らかに僕は彼よりできているのに、何で僕のほうが点数が低いんですか」と文句を言ってくるわけです。

隣にいるプラス30点の彼も、友達関係がありますから、「そうだ、君のほうができている」なんて、すまなそうな顔をしています。

しかし、私の〝伸び率点数法〟でいくと、プラス30点よりプラス10点のほうが点数は低いのです。ですから「私が成績をつける基準はどれだけ伸びるかであって、それでいくと君は全然伸びていない」と説明するのですが、彼らは納得しません。

なぜ70点より80点のほうが成績が低いのか。そこに納得性がないため、学生は〝伸び率点数法〟を嫌がるのです。

それで2年ほどいろいろ考えまして、最後に至ったのは「試験の内容を見ない」というやり方でした。

その方法は、まず試験をやるとき、黒板にいくつか問題を書きます。そして「どれをやってもいいし、何問答えてもいい」「何を書こうが内容は読みません。書いた答えの長さだけで点数を決めます」と言って、Ａ４の紙を渡すのです。

Ａ４というのは大体縦の長さが29センチ４ミリですから「その半分までいっていれば50点、もっと書いてあれば60点で合格」ということにしました。

それを聞いて最初の年は、学生たちがわーっと笑っていたのですが、次の年になると私の狙いは成功しました。

私の担当は物理ですから、問題の答えはちゃんと式で展開し、計算して出さないといけません。非常に面倒くさく厳密な試験です。でも、「紙に書いた長さで点数を決める」やり方をしてから、見違えるように良い答案が返ってくるようになったのです。

これはどういうことでしょうか。

私の印象をズバッと言いますと、学生たちは、小学校からやらされていた、「試験のための勉強」ではなく、人生で初めて「自分のための勉強」をやるようになったのです。

私は講義中によく「カンニングが良いとは思わないけど、カンニングしたかったらやってもいいよ。君の人生に私は責任を持てないし、関係ないからね」と言っていました。そうすると、学生は逆に頑張って勉強をするようになります。おかげで試験の内容も、かなり良くなりました。

それを7年ぐらい続けていたら、私のやり方がジャパンタイムズの特集にも書かれまして、とても好評でした。

もし「人間は試験とか強制力がなければ勉強しないのか、それとも自分が勉強しようと思えば、放っておいてもやるのか」と問われたら、私は「自分が勉強したいと思えばやる」とはっきり答えられます。

先述しました「子供は『ゲーム』をしたがらない」の話のように、人間は知的興味が刺激されれば、強制されなくても勉強をやり始めることを、学生たちが証明してくれたのです。

しかし、芝浦工業大学は、国立を落ちて仕方なく来たという人が多いため、悩んでいる学生も大勢いました。彼らは東京大学や東京工業大学あたりを目指していましたから、元々頭はいいし、プライドもあります。でも芝浦工業大学に来てしまったので「オレはダメだ」と思って、心がギュッとねじれて、苦しんでいました。

私が主に接してきたのは、22歳ぐらいの研究生で大学院の学生でしたが、彼らの多くも、心が定まっていなかった気がします。

私はこういうマイペースな性格ですから、そういった学生たちのサポートはあまりできていませんでした。そう考えると、学生の指導に関しては、欠点のある先生だったと思います。

第7章

本を出版する

リサイクルしてはいけない

大学教授になったとき、地位が高いわけでもないので、最初は一兵卒のつもりでした。

講義を行っていましたが、学生もそんなに多くないですし、研究もヒマだったので時間もいっぱいあります。会社にいるときは、1秒でももったいないという忙しさでしたが、そこから解放され50代前半は比較的自由に過ごせたので、多くの人と会い、学会でもいろいろな研究を発表していました。

すると、私の学術発表を聞いた、ある出版社の編集長から「本を出しませんか」という話が来たのです。それまで本など書いたことはなかったのですが「環境問題について書いてくれ」という依頼で、これが私の最初の著作になります。

その編集長とは、のちにひじょうに親しくなりますが、当時の私の原稿は本になるようなものではなく、彼が丹念に直してくれました。よくやってくれたと思います。

最初の依頼のテーマは「杉並江東戦争」と言われた、ゴミの焼却炉設置をめぐる問題でした。しかし、初めての本だったので、私は出版社の依頼どおりに書くという基本的なことを知らなくて、自分の中でずっと問題視していたリサイクルに関する本を書きました。

ところが、編集長が「これで行こう」と言ってくれたのです。その頃、社会は「環境を守るためにはリサイクル」「ゴミを減らすためにはリサイクル」という話一辺倒でしたが、そんな風潮に「リサイクルしてはいけない」と、真っ向から反対する私の主張を面白がってくれたのです。

なぜ、リサイクルをしてはいけないのか。詳しい理由は私の著作を読んでいただけるとわかりますが、この本はひじょうに反響がありまして、その後、文藝春秋からも依頼があり、文春新書で『リサイクル幻想』という本も出しました。これも結構ヒットしまして、リサイクルへの世の中の認識が少し変わったのではないでしょうか。

しかし、あの頃、社会はＮＨＫも朝日新聞も、リサイクルを推奨し、そこにはお金も絡んでいました。例えば町内会でリサイクルしたら弁当が出るとか、リサイクル工場には補助金が出るとか、とにかくお金がつきまとう。それで得をする人たちが大勢いましたから、私はものすごく反撃を受けることになりました。

著作が準ベストセラー

あるとき、地上波の、今でも名前を言いたいぐらいの有名なキャスターが、私のことを「無名の私立大学のポンコツ教授が、有名になろうと思って本を出した」と言ったのです。朝のニュースで、それを聞いていてさすがに「この野郎」と思いました。

こっちは、純粋かつ鉱物学の見地で、リサイクルをすると、リサイクルしないよりも、3・5倍以上の資源がかかること、しかも、リサイクルの際には毒物が蓄積するので健康被害を出し、汚い社会になってしまうということを学問的に書いただけです。

その内容をきちんと精査せず、公共の電波で「ポンコツ」呼ばわりした有名キャスターの言葉は、人権侵害か名誉毀損です。それほどテレビが増長していたということでしょう。

しかし、その反面、やはり社会はリサイクルの矛盾を感じていましたから、私の本は、ある程度、評価を得ることができました。それで弾みがついて著作は10万部から20万部と、そこそこ売れて準ベストセラーぐらいになり、そうなると「もっと書いてくれ」と声をかけてくる出版社も増えます。私は環境問題についてガンガン書き始めました。

私が伝えたかったのは「環境問題は感情的なものとして捉えるのではなく、産業発達と共に物質循環をどういうふうにしていくか考えなくてはいけない」ということです。

それを、多くの人に向けて発信するため、次々と本を書いたのですが、あるとき、知り合いの高名な哲学者の方に「この現代の社会は科学の力がなければ哲学が書けない。先生、哲学を書いてください」と言われました。「哲学はできませんよ」と答えると「リサイクルの哲学を書いてください」とさらに言うので、のちに『リサイクルの哲学』という論文も執筆しました。

以前から、評判の良かった私の論文というのは、エネルギーの回収といった自分の研究とは全然違う分野のもの、例えば「無生物だけど生物の働きをする」といった別系統のものが多かったので、教養本として、そういった社会に関係のあるものも書き始めました。著作の中には全国図書館賞といって、全国の図書館に1冊ずつ配る本に選ばれたものもあり、文部省関係者にも知られていくようになります。

会社員だったら、本など書いている時間はなかったですが、大学の先生になったことで作家としての道が開けたのです。

「原子力」は悪いものではありません

私は「石油はなくならない」「原子力は危ないらしい」という2つのことがわかり、長年研究してきた原子力の仕事を辞めました。

そのとき、他の国から「うちの会社に来てくれ」「何百億円で原子力の技術を買う」といったオファーもあったのですが、原子力が危ないと思って辞めるのに、それを他の国に売ることなんてできないのですべて断りました。

ただし、「原子力」は、かなり誤解されています。ものすごく非難もされるので、ひと言だけ言いますと、原子力自体は悪いものではありません。発電法としてはやはりいいものなのですが、危険だから困るのです。ならば、危険を取り除き、安全な原子力をやる方向に国が進んでくれないか。

そう考えて私は、原子力の仕事を辞めたあと、原子力委員会や原子力安全委員会の専門委員になりました。

私は、自分が学問的に真実だと思うことは、忖度《そんたく》せずありのまま言いますから、委員としては扱いにくかったと思います。それでも原子力の委員にしていただけたのは、はっきり意見を言える人が必要だと考えた人が国の中にいたということでしょう。当時は、そういうことを応援してくれる人が国の首脳部にいたのです。

ところが、東日本大震災による福島の原子力発電所（原発）の事故が起こって、事態は一変しました。

今でも、原発事故の原因は、防潮堤の高さが足りなかったせいだと思っている人が多いのではないでしょうか。

「防潮堤が、あと5メートルとちょっと高ければ良かった」と言っていた学者もいて、事故の理由は「防潮堤を越える津波が来たから」、という話が広がってしまいましたが、まったく違います。福島の原発は、電源関係で違反がものすごく多く、電源配置が間違っていたのです。

詳しく説明しますと、原子力発電所は、電源配置が極めて重要ですから、電源が落ちないよう4つの安全システムをつけています。

まず第1に通常時は電源が地下にあり、そこから電気を供給して原子力発電所を常に冷やしています。しかし、何らかの理由で第1電源が落ちた場合に備え、ほとんど同じ構造の第2電源を原子炉から少し離れた小高い丘の上に置き、そこから電源が供給されるようにします。

この2つの電源は、通常時なら問題ありません。ですが、電力会社から電気が来ないような事態になったときのために、第3の措置として、トラックの上に移動式のディーゼル発電機を備えており、電源を臨時に供給することになっています。

そして、さらに、これもダメだった場合の最終手段として、数時間しか使えませんが、バッテリーで最後の安全の確保をするという、4段階の構造になっているのです。

ところが福島の原発では、この4つの電源がすべて発電所の地下に設置されていました。そのため津波によって地下に海水が流れ込んだために、浸水して、全部の電源系がショートしてしまったのです。

けれども国も電力会社も学会も、電源配置の誤りを指摘せず、別の原因を指摘するという状態でした。これが原発事故の現実です。それについて私も深く反省しました。

反省点は2つあって、ひとつは、自分が事前に原発の図面をよく見ていなかったことです。原子力の委員会をやっていて、いろいろな資料を見られたのに、それを見落としていました。

原発の資料というのはものすごい量で、でっかいファイルを本みたいにめくって見ないといけません。図面なんかは特に大きいですから、目の前にざっと広げて、配管をずっと追わなくてはいけないのですが、それをやっていれば電源配置の不備はわかっていたでしょう。私は学術担当として、国の委員になっているわけですから責任があります。図面をちゃんとチェックし、間違いを発見し、指摘しなくてはいけなかったのです。

しかし、原子力安全委員会はもっとひどいものでした。

例えば、建築研究所（国土交通大臣管轄の機関）の人が来ると、事故が起こっていいようなことを言うのです。

私が「今の先生の話は原子力に甘すぎる。普通のマンションだったら、そういう事故が起きてもいいかもしれませんが、原子力で建築事故が起きたらダメです」と言うと「君は建築のことを知らないじゃないか」と言われました。

原発に関わる多くの人たちが、深刻な問題を見逃していたのです。

原発の町の実態

反省点はもうひとつありまして、原発の立地が決まりそうになると、私たち委員には山ほどお金が集まってきます。接待だらけになり、立地問題がぐちゃぐちゃになってしまうのです。

その典型が浜岡発電所でしょう。ここは東海地震が起こると言われている、震源の真ん中です。原発のいちばんの弱みは大きな地震なのに、その予測エリアに原発を作ったのです。

福島原発の事故が起きたとき、浜岡の原発は通常どおり稼働していましたが、アメリカの指令で止められました。西風が吹いたら、立川の米軍基地が真っ先に被害を受けてしまうからです。原子力開発は、そういった「行政」によって行われていたのです。

私は　そんな状況を危惧し、委員会で「立地について少しでも政治的な動きがあった場合、その土地には原発をつくらないと、今、ここで決めましょう」と進言したのですが、みんな、黙っていました。「そんなことをしたら原発ができない」「政治というのは、そこにお金を出してやるんだ」ということで、私の提案は受け入れられなかったのです。

けれども、名称は出しませんが、有名な原子力発電所がある商工会議所の会頭が、誘致についてこんな話をしていました。

「原発ができたら国からお金が入り、市の発展になると思って誘致をしたけれど間違いだった。あれから20年経ったいま、お金をもらったせいで、自分で仕事をやろうという人たちが、この市にはもういません。ここにいるのは原子力の補助金をもらって、生活をする人だけです。ですから、この市は再生できません。再び輝く町にはならないのです」

これが原発の町の実態です。お金がないところは、原子力発電所を誘致して町を発展させようとしますが、そのせいで町自体の力を失ってしまうのです。

福島原発事故の「ウソ」と「真実」

福島原発の話に戻りますが、事故後の調査ではいくつもの深刻な違反が見つかりました。

人が浴びても安全とされている、放射能の被曝《ひばく》基準値は、1年に1ミリシーベルトと決まっているのですが、福島では、それよりはるかに多くの放射能が出ています。

しかし、今でも「あの被曝はたいしたことじゃない」と解説する学者もいて、ウソだらけです。子供の小児甲状腺癌も大量に出ているのですが、患者数は一回も発表されていません。

私は、原子力をやった人間として責任があると思い、原発の真実について毎日ブログを更新しました。すると、福島原発の事故後、1週間ぐらい経ってから、それまで1日1000人ぐらいだった閲覧数が、バーっと20万人ぐらいまで増えました。

「何が起こっているんだ?」と自分でも驚きましたが、当時、誰もが「本当」のことを知りたがっていたのでしょう。

実際、事故後は変な話がたくさん出回りました。

「原発の何キロ圏内から逃げろ」などという話もありましたが、距離は関係ありません。危ないのは風向きです。それなのに気象庁は風向きの発表をせず、NHKでも触れませんでした。ひどいことです。

あとになって、原発から西北の場所にいた人たちが被曝していることがわかりました。その人たちは原発から遠ざかるため、町長の主導で西北に逃げたのですが、西北に風が吹いていることを知らず被曝したのです。

一方、当時のヨーロッパの気象庁では、どの国も、真っ先に福島の風向きを発表していました。日本だけが、いちばん重要な風向きの情報を出さなかったのです。それを容認したのは、あの頃、与党だった民主党政権であり、民主党政権のいうことを聞いたＮＨＫと新聞社でした。

そこで私は、ドイツやイギリスのデータを見て、風向きについて言い続けました。

例えば、風向きが郡山に変わったとき、ちょうど雨が降って柏が汚染され、その流れが新宿に来て高層ビルにぶつかり、新宿も汚れた……といったことを、逐一、発信したのです。すると、ブログの閲覧数は１日２００万まで増えました。

事実、福島原発事故で漏れた放射線量は、広島原爆の２００倍です。国も学者もそれを隠し、「武田はいい加減だ」と中傷もされましたが、本当に２００倍だからしょうがありません。計算すればすぐにわかることです。

今でも地方に行きますと、「あのとき武田先生のブログを見て行動しました。ありがとうございます」と、多くの人に言ってもらえます。当時、日本の中で、どこが原発事故で汚れているか、公に発信したのは私だけだったからでしょう。

切り取られた発言

そういった「みんなが知らなくてはいけないこと」を知らせるため、あの年（2011年）は、死に物狂いで19冊の本を書きました。

19冊も書けば、そのうち飽きられるだろうと承知していましたが、主婦は主婦で、サラリーマンはサラリーマンで、地元は地元で、各自情報のニーズがあります。求める本（情報）というのは、それぞれ違うわけで、放射線量を測りたいという人もいれば、魚が食べられるのか心配な人もいるし、東京はどこが汚れているのか知りたい人もいる。その全部の情報が必要だと思い、19冊も次々に書いたのです。

しかし「反武田」も山ほどいました。国会に呼ばれて散々反撃されましたし、埼玉県で講演会をしたときは「お前は農家のことがわかっているのか。そんなに汚染されていると言ったら、農家は潰れちゃうじゃないか」と言われたこともあります。

その方たちに「福島県の農業出荷額は600億円です。国から出ている原子力の研究費は4000億円だから、その中から、600億か700億を福島の方に援助すべきと言っているのです」と話したのですがダメでした。みなさん、カーッと来ているので、受け入れられなかったのでしょう。

そんなときに、川崎の市長が「汚染されたものがなぜ悪い」と言い始めました。汚染に強い子供を作るため、川崎市の学校給食に汚染された野菜を入れるとか、とんでもないことを言うわけです。当たり前ですが、放射線に汚染された野菜を食べたって、絶対に放射線に強い身体にはなりません。

さらに横浜市では、学術会議の人が「放射能規定値は、1年に5ミリシーベルトで大丈夫」なんてことまで言い出しました。個人で勝手にそんなことを言ってはいけません。国の規定がありますから。

そういった、さまざまな流言が飛ぶ交う中で、私は、著作を通して「国民の命を守るため、公官庁がもう少ししっかりやるべきだ」と訴えました。そして「このままウソが続いたら、日本に住めなくなる可能性があるから、正直にデータを出したほうがいい」と書いたのです。

すると「ウソが続いたら」の部分を抜いて「日本に住めなくなる可能性がある」という部分だけ切り取られて、そこでまた「武田はインチキだ」と批判されました。

けれども、福島の原発事故後も、私の本を出してくれる出版社が多かったのも事実です。おかげで、これまで130冊から150冊ぐらいの著作を出版することができましたし、本を書き続けることで、日本の報道がいかに事実を示さなかったかという良い勉強にもなりました。

さらに、著作と、その反響によってテレビに出るようになりました。最初は冷やかし半分の、私をおちょくるようなポジションでしか出してくれませんでしたが、メディアを通して、少しずつ認められるようになっていきます。

第8章

ようやく解けた最後の疑問

テレビ出演で学んだこと

これまで、何度も申し上げてきたとおり、私は50歳から第2の人生を送ることになりました。

しかし、実はこれは想定外で、当初は50歳からすぐに第2の人生を始めるのは無理だと思っていました。その前に、助走期間と言いますか、10歳から20歳まで学校に行って勉強するのと同じような期間が必要だと考えていて、そこを終えた60歳から90歳までを第2の人生と想定していたのです。

ところが、偶然にも増子先生に大学に入るお世話をいただいて、いきなり50歳からのスタートになり、そこからの30年間は、大学教授と作家、テレビのタレント、国の委員など、さまざまな活動をしてきました。会社の研究をやっていた会社員時代から見れば、ずいぶんと幅が広がったわけです。

70代は、まだ中部大学に所属しており、講演など大学関係の仕事が多かったのですが、この頃から、テレビ出演が増えていきました。

『たかじんのそこまで言って委員会』（読売テレビ）や『ホンマでっか⁉ TV』（フジテレビ）、『ニュース女子』『真相深入り！虎ノ門ニュース』（共にDHCテレビ）、あとは『ゴゴスマ－GO GO! Smile!』（CBCテレビ）など、番組名を挙げたらキリがないほどです。

その中で、思い出深いのは、やはりさんまさんの『ホンマでっか⁉～』でしょう。この番組は、私の中でひじょうに大きなウェートを占めています。

また、『虎ノ門ニュース』も思いがけなくヒットしまして、ライブの視聴者数が100万人以上になり、最高で440万人までいったと聞いています。そのため、今でも地方に行くと「武田先生の『虎ノ門ニュース』が楽しみだった」と言っていただけます。

ただ、『ゴゴスマ～』で、韓国の路上で日本の女性観光客が暴行されたたニュースについて話したとき、私が「韓国でそういうことが起きると、日本でも起こる」というようなことを言いまして、これが暴力容認だと大騒ぎになりました。

それで『ゴゴスマ〜』をやめ、ほとんどの地上波の番組もやめることになったのですが、『ホンマでっか!?〜』だけは違いました。他のテレビ局がいっせいに私を非難するなか、この番組だけは継続して声を掛けてくれたのです。

私はテレビにはずいぶんお世話になっているので、ストレートに批判をするわけではないのですが、現在の視聴率の低下の理由は、やはり、テレビへの不信感や違和感だと思っています。番組の作り手側が思うよりも、多くの日本人はちゃんとテレビを観ていて「もっと本当のことを伝えてほしい」と感じているのではないでしょうか。

先ほどの韓国での暴行のニュースも、切り取られたのは、私の言葉尻でした。私は「韓国と日本は隣同士だから、親しくしないといけない」「そのためには暴力行為が起こってはいけない」と訴えたのです。しかし、それを朝日新聞と共産党が激しく抗議し、そこにテレビ局が乗っかり「武田批判」が広がっていきました。

私は、朝日新聞や共産党がやったことは誠実に反すると思います。日本でいちばんいけない道徳は「江戸の敵《かたき》は長崎で討つ」という考え方です。彼らはそのやり方で私を攻撃したからです。

私は当時、朝日新聞を批判していました。朝日新聞の記者が自分でサンゴ礁を壊し、「サンゴ礁が壊れている」と記事にしたことを「そんなことをやってはいけない」と言っていたのですが、私に文句があるなら、その問題に対して真っ向から反論するべきです。

「うちの記者は、そんなことしていない」でもいいですし、「やっちゃいました、ごめんなさい」でもいい。どちらにしても、これなら「江戸の敵は江戸で討つ」ということになります。なのに関係ないところに噛み付いて「江戸の敵を長崎」で討ってはいけないのです。

私は、これが今の日本の、ひじょうに大きな問題と捉えました。それを私に対してやったのが朝日新聞と共産党だったことは、ある社会現象として象徴的だったと思っています。

この一件があって、私はテレビに少しがっかりしました。テレビの世界というのは、一旦「ウソ」がまかり通ってしまうと、もう本当のことが言えなくなります。真実が見なくなると言っても過言ではないでしょう。

そういったことを、私は、あるテレビ朝日系の人に指摘しました。すると「我々はウソなんて放送していない」と否定していましたが、私は、その言葉にもウソが入っていると感じました。でも、本人は、おそらくウソをウソだと認識していません。ウソに対する感度が完全に鈍っているのです。そこに視聴者との決定的なズレがあるのではないでしょうか。

初めての政治活動

とはいえ70代は、楽しく過ごすことができました。80歳までの第2の人生は、ある程度、成就した実感もあったのですが、２０２２年頃に、参政党の神谷宗幣さんから「参議院議員で立候補を計画しているので、出てくれないか」と声を掛けられました。

神谷さんは、倉山満さんなど高名な評論家が出ている、ネット動画のＣＧＳ（チャンネルグランドストラテジー）という番組をやっていまして。私もそこに出させてもらっており、そのご縁で、一回、政治をやってみようかということになったのです。

私は、それまで政治に対して距離を置いていました。学問というのは本当のことを追求し続けなくてはいけないものですが、政治となると、そこがやや緩んでしまう。それは私の本意ではありませんから、外野でやるようにしていたのです。

しかし、やるからにはしっかりまっとうしたい。当初は、身体も本調子ではなかったのですが、選挙期間中は持てる力を出し切り頑張りました。

参議院選挙に出たのは、トータルとしては失敗でしたが、選挙が終わったときは達成感もありました。その後、残念ながら参政党には不本意なこともありましたけれど、この年齢で違う世界を経験できたのは、私にとってとても明るいことだったのです。

ただ、私の中にはまだ、まとめ切れていない大きなテーマがあります。それは、大学教授として第2の人生を歩み始めたときから考えていたことで、思考力があるうちにやり遂げたいと思っています。

そのテーマについて詳しく話していきましょう。

大会社の社長とシングルマザー

私にはずっと疑問がありました。人間の能力についてです。人間は男だったり、女だったり、性別の違いのほか、趣味も考え方も違います。しかし、世の中には、ハイアラーキーという序列があって、年俸10億円をもらっている大会社の社長さんがいる一方、年収200万円の母子家庭のお母さんがいます。ですが、この金額の差に見合った人間としての差が果たしてあるのか。そこが大きな疑問でした。

大企業の社長さんには、確かに経営やお金を稼ぐ能力があるでしょう。私も、物理の力や研究の力があったので、会社で優遇され、大学教授にもなりました。けれど、私がごはんを食べるのは一般の人とまったく同じです。家で食事をするとき、私は優れているから良いものを食べ、家内や子供は、家庭生活をしているのだから違うものを食べろ、なんてことは、当たり前ですが、ありません。

つまり、私が言いたいのは、人間というのは、その人の能力とか、その人の社会貢献度に関係なく、ひとりひとり価値は同じだということです。社会的に何もできていなくても、どんな境遇の人でも等しく価値がある。ならば、基本的に全員が同一の賃金であるべきだと思っているのです。

どうしても差をつけるとしたら、基準はせいぜい年齢ぐらいです。20歳の人と50歳の人なら、50歳のほうが少し給料を高くしたほうが人生の満足度は高くなるでしょう。

しかし、食事の内容に差をつけてはいけません。一緒に食べる相手が家族か友達かで、料理の種類や値段が多少変わるかもしれませんが、みんな同じものを食べるべきです。なぜなら、日本社会は、日本人全体がひとつの大きな食卓についているようなものですから、それぞれの収入や立場によって、格差をつけ、違うものを食べるのはダメだ、というのが私の基本的な考え方なのです。

これは、最近、よく言われる能力主義とは相反する考えであり、いろいろ複雑な内容が絡んでいますから、ひと筋縄ではいきません。ですが、そういうものからの離脱が、今後の人間社会を作るいちばんの根本だと思っています。

グリーン車の「腐臭」

私は、「32歳の気づき」があって以来、威張ることが特に嫌になりました。高級車に乗るのも嫌ですし、高級なホテルの、私に対する取り扱いも鼻につきます。世間で名が知られる立場になると、泊まる前にホテル側が私のことを調べ、変な言い方ですけど、ちょっと恭《うやうや》しく扱われるのですが、それがなんとも言えず居心地が悪い。

グリーン車も嫌いです。テレビや講演などの移動時は、グリーン車の料金をもらえるのですが、できれば乗りたくない。グリーン車は腐った臭いがするからです。

例えば窓際のAの席に誰かが座っていて、私が隣のB席に来るとします。すると、すごく嫌な顔をされることが多い。彼（彼女）は、グリーン車を「乗合」と思っていないのでしょう。

そんなとき、私は「腐臭」を感じ「ひとりで悠々と座りたいなら、隣に人が来ないようお金を払って2席分買え」と言いたくなります。

しかし、それが鼻につくようになっても何も解決しません。そこで私は、日本やヨーロッパ、中国の文明を勉強するようになりました。

ヨーロッパには植民地支配の長い歴史があり、そこでは多くの人が鞭打たれ、搾取され、死にました。ヨーロッパの哲学者たちは、植民地によって自国の人間が利益を得てきたことを知っているのに、知らないような顔をして「人権とは何か」「人は生まれながらに平等」といったことを唱えています。

現代も、人間は平等と言いながら、大企業の社長と母子家庭のお母さんの年収には、大きな落差があります。これの、どこが平等なのかと問いたくなるのですが、問われた人の多くは「やっている仕事の価値が違う」と言うでしょう。

しかし、お母さんは子供を産んで、おっぱいをあげることができますが、立派な政策を掲げる一国の首相も、大企業を経営する社長も、次世代を生み出すことはできません。次世代がいなければ新幹線だって家電製品だって必要がなくなり、我々の生活は崩壊してしまいます。

それなのに、子供を産み、育てることの「価値」を認めないというのは一体、どういうことなのか。しかも日本の社会は、そういった価値基準をおかしいとも思わず、むしろ肯定されています。その矛盾、その疑問に、私は30年ぐらい苦しんできました。

成果を求めない一兵卒の生き方

「32歳の気づき」で自分というものはわかったけれど、世の中のことはわからず、私は、社会が自分と違っていても、仕方がないと言い聞かせてきました。タレントやベストセラー作家になったときも、自分の中で、何か変化するのかなと思いましたが、何も変わりません。

その頃、姉が本屋に行きまして、本屋の店主が、姉を私の身内と知らず「武田邦彦という人は本が売れて、生涯まったく苦労しないで人生を送れるようになったね」と言っていたらしいのです。それを聞いて、自分の認知度が上がり、生活も変わったと実感しましたが、社会への疑問は解決されず、釈然としませんでした。

ところが、初めて政治活動をした頃、79歳ぐらいのときにパーっと目が開いたことが2つありました。

ひとつ目は、「威張るのが嫌」「グリーン車は臭い」などと言いながらも、実際の自分の行動は損得を考えながらの人生だったということです。

私は、何かをするとき、その行為自体ではなく「これをやったら自分が良くなるか」とか「人気が出るか」とか「当選するか」とか「相手が感謝してくれるか」とか、心のどこかで行為からもたらされる結果を予想して選択していたと気づきました。

つまり、世の中を「おかしい」と感じていたのは、自分自身が「おかしい」行動基準で動いていたから。そこに気持ち悪さを感じていたのです。

それで私は、ある随筆を書くときに考えました。内容は、戦争時の将校と一兵卒の話です。

将校は、自分の中隊をひとつ持っている少佐で、ある丘の要塞を落とすとき、あの丘を落としたら自分は昇進するとか、勲章をもらえるということが頭にチラつきます。

一方、一兵卒はそんなことを考えません。命令されたら何も考えず突撃して、弾に当たったら死ぬだけです。弾に当たらず、丘を落とせたとしても、一兵卒のまま昇進することもないでしょう。しかし、彼は戦います。報酬も結果も関係なく、ただ国家や家族のために命を懸けているからです。

この無私の気持ちが、私には欠けていました。先ほど言ったように損得を考えながら行動していたからです。

そこに気づいたことで、私の心の中から「成果」も「結果」も切り離され、気持ちが一気に軽くなりました。おかげで、すこぶる快適に生活を送れるようになり、ここ2年ぐらいは毎日上機嫌で過ごしています。

グリーン車にも、もちろん乗りません。私がグリーン車で感じた腐臭が何だったのかというと、（全部とは言いませんが）自分の利得だけを考えて行動している人たちの、心の在り方でした。私にはそれが見えており、「腐臭」として嗅ぎ取っていたのです。

そういう場所、そういう人から、できるだけ遠ざかりたいという気持ちが強くなりました。

ダイヤモンドと石ころ

2つ目の問題は、まだ残りました。

なぜ、大会社の社長は年収が10億なのに、母子家庭の年収が200万なのか、なぜ世の中はそういう区別をするのか、という問題です。

これは、おそらく私の人生の最後の疑問でしたが、それを解決したのは「石ころ」でした。

ある小説の中に「ダイヤモンドと道に転がっている石ころは、どっちが素晴らしいのか」という話が出てきました。そもそもダイヤモンドだって成分は石ころです。結晶構造が違うだけなのに、路傍の石は単なる石ころとして誰にも見向きもされず、ダイヤモンドにはみんなが群がります。

けれども、石ころは実はいろいろな役割をしています。家の基礎を支えますし、道路工事をするときは下に撒く砂利にもなります。

その小説の中では「馬が蹴飛ばしているけれど、石ころがなければ道路はできない」「ダイヤモンドは美しいと言うけれど、そんなに価値の差があるのか」と書かれていました。それを読んで私は、長年の疑問の答えはこれだとわかりました。

人々に対する社会の評価というのは、ダイヤモンドと石ころに対する評価のようなものです。石ころは、ダイヤモンドよりもはるかに社会に貢献しているのに顧みられず、踏まれても蹴飛ばされても文句を言いません。

そんな石ころの本当の価値を、社会はわかっていないだけなのです。

私はおそらくあと1万年もしたら、石ころとダイヤモンドは同じ値段になると思っています。ですから、今は「大会社の社長のほうが、母子家庭のお母さんより社会に貢献している」と認識されていますが、その社会的価値は、いつ「石ころ」になるかわからない。

つまり、ダイヤモンドと石ころの、どっちが優れているのか、その「真の価値」など決まっていないし、誰にも決められないのです。

一兵卒と石ころ。この2つで私の人生の疑問は、すっかり解けました。それで、私はさらに上機嫌です。

何が起きても、何をやっても、成果を考えず、自分がどれくらい評価されるかも気になりません。何十年もの間、常に心に引っかかっていた問題が解決したからです。

自分の理屈を明確に説明できない、歯痒《はがゆ》さもなくなりました。以前は、人から「大会社の社長のほうが、母子家庭のお母さんより社会に役立っているじゃないか」と言われると残念な気持ちになり、それ以上話す気がなくなってしまったのですが、今は、いろいろな場で「石ころとダイヤモンド」の話をしています。

1000万の年収をもらっている銀行員は、温かい部屋で豪華な食事をしているのに、子供を抱えたお母さんは、霙《みぞれ》の日に足を滑らせながら野菜を買いに行く。「何でこんなに違いがあるのですか」と、世の中にどんどん言い始めたのは、自分の中の疑問が解決した結果です。

みなさんも、不機嫌だったり、不安だったり、喧嘩をしたり、人間関係が拗《こじ》れたりするのは、疑問の答えがわかっていないせいかもしれません。

成果が上がらず、認めてもらえない不満があるなら「一兵卒」になってみてください。大げさかもしれませんが「自分は目の前のことにただ命を懸ける」と専心できれば、成功不成功はどうでもよくなります。

また、自分の価値について悩んだら、ダイヤモンドと石ころに対する話を思い出してください。そして物事の本当の価値はどこにあるのか、何が真に価値のあるものなのか、世間の目ではなく、自分の心の目で見極めてみる。それだけで、当たり前だと思っていたこれまでの「価値基準」は大きく変わってくるはずです。

そして、もっとも大切なのは誠実であること、恩義を感じること、慈愛の心を持つことではないでしょうか。

私の考えでは、現在の資本主義と自由主義と民主主義が終わり、次の時代に進むために必要なのは、全員が等しく快適な生活を送り、誠実と恩義と慈愛を持った社会を構成していくことです。

これは現代社会の新たなテーマであり、そこを突き詰めていけば、人間は成長し、あと1000年も経てば社会は様変わりしているでしょう。そのときは人間関係や国同士の軋轢《あつれき》やお金による競争といった、現在のヨーロッパやアメリカ的な考え方は全部なくなり、おそらく調和を主とした日本文明が世界を覆っています。

そして、人類は、今よりはるかに好転している。それが、私の未来の展望です。

武田邦彦（たけだ　くにひこ）
1943年東京都生まれ。工学博士。東京大学教養学部基礎科学科卒業。その後、旭化成ウラン濃縮研究所所長、芝浦工業大学工学部教授、名古屋大学大学院教授を経て、中部大学教授。世界で初めて化学法によるウラン濃縮に成功し日本原子力学会平和利用特賞を受賞、内閣府原子力委員会および安全委員会専門委員などを歴任。原子力、環境問題をめぐる発言で注目されている。また高校教科書『新編現代文』（第一学習社）にエッセイ「愛用品の五原則」が掲載されなど文系の分野においても活躍中。
著書に『幸せになるためのサイエンス脳の作り方』（ワニマガジン）、『これからの日本に必要な「絡合力」』（ビオ・マガジン）、『「新型コロナ」「EV・脱炭素」「SDGs」の大ウソ』（ビジネス社）など多数。
2021年より、YouTubeチャンネル「幸せ砂時計」（登録者5万人超）、およびオンラインサロン「幸せ砂時計村」で発信中。自身の人生経験や学者としての知見を基に、視聴者のお悩み相談に乗っている。参加者が直接相談できる場として好評を博している。

我が人生　武田邦彦自伝

令和6年7月23日　初版発行

著　者　　武田邦彦
協　力　　若松正子
発行人　　蟹江幹彦
発行所　　株式会社　青林堂
　　　　　〒150-0002　東京都渋谷区渋谷3-7-6
　　　　　電話　03-5468-7769
装　幀　　（有）アニー
印刷所　　中央精版印刷株式会社

Printed in Japan

ISBN 978-4-7926-0767-8